Christma Boon · Christa Bergkemper
Illustrationen von Ralf Bednar

Augen auf
Wir entdecken
Hamburg

Stadtbegleiter für Klein und Groß

BOYENS

BOYENS
BUCHVERLAG

ISBN 978-3-8042-1189-6

3. erweiterte und verbesserte Auflage 2009

Gestaltung und Layout: Elna Mumm
Herstellung: Boyens Buchverlag
Druck: Boyens Offset
Printed in Germany

Inhaltsverzeichnis

Hallo, wir sind
deine Stadtbegleiter!

Ein Wort an die Großen

Mit Kindern in Hamburg auf Entdeckungsreise gehen! Dieser Stadtbegleiter für kleine (und große) Abenteurer eröffnet neue Perspektiven bei der Erkundung der Großstadt. In acht Rundgängen wird die Hamburger Innenstadt mit Speicherstadt und HafenCity spielerisch erschlossen. Die Wahrnehmung der kleinen Spaziergänger wird geschärft mit Aufgaben, Spielen und Rätseln, die Spaß machen, zum Mitmachen anregen und die Fantasie fördern. So ist es leicht, Kinder schon früh für die eigene oder fremde Umgebung zu begeistern und sie an die Stadt und ihre Geschichte heranzuführen. Auf Schritt und Tritt begegnen Ihnen überraschende Details, die sonst in keinem Hamburger Stadtführer zu finden sind. Hintergrundgeschichten und Anekdoten vertiefen das Wissen zu einzelnen Themen. So werden nicht nur Kinder schnell zu Hamburg-Experten. Auch für Erwachsene ist dieses Buch ausgesprochen interessant – ein idealer Begleiter für die ganze Familie.
Am Anfang jedes Rundgangs steht ein Übersichtsplan, der die Orientierung erleichtert. Daher können größere Kinder diese Spaziergänge auch ohne Begleitung Erwachsener unternehmen. Weitere ausführliche Anregungen zur Freizeitgestaltung für Klein und Groß finden Sie am Buchende.

Bevor du losgehst ...

... ein paar praktische Hinweise. Auf deinem Spaziergang nimmst du einen kleinen Rucksack mit. Darin sind:

- etwas Geld für Bus, U-/S-Bahn und Eintritt;
- eine Sonnenbrille oder eine Regenjacke – je nach Jahreszeit;
- Papier und Stift, falls du etwas notieren willst, und um die Aufgaben während des Rundgangs zu lösen;
- Freunde, Geschwister, Erwachsene (zu mehreren ist es oft lustiger als alleine);
- ein Pausenbrot und etwas zu trinken ...
- und natürlich dieser Stadtbegleiter.

Außerdem, wenn möglich:

- ein Fotoapparat – anhand der Fotos kannst du anderen von deinem Rundgang erzählen und dich zu Hause daran erinnern, wo du überall gewesen bist;
- ein Fernglas – manches ist auch mit Adleraugen schwer zu erkennen.

?

Hier hat sich ein Fehlerteufel eingeschlichen.
Was passt auf keinen Fall in den Rucksack? . . . .

Folgende Zeichen werden dir auf den Rundgängen begegnen:

 Hier beginnt dein Rundgang.

 Dort gibt es ein Museum.

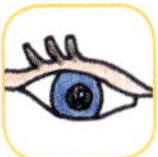 Da heißt es gut hinzusehen.

 Da gibt es etwas zu bereden.

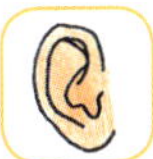 Da gibt es etwas zu hören.

 Da kann man etwas riechen.

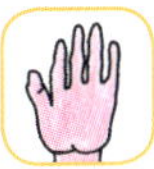 Da kann man etwas anfassen.

 Da muss man scharf nachdenken.

 Hier kannst du malen.

 Hier kostet es Eintritt.

 Das ist das Zeichen für den Rundgang, in dem du weitere Informationen zum Thema findest.

Die Erklärung der **fett** geschriebenen Wörter im Text und die Auflösung der Fragen und Rätsel findest du am Buchende *(Alles richtig?)*. Die roten Wörter bezeichnen Sehenswürdigkeiten und Orte. Sie helfen dir bei der Orientierung und sind ebenfalls am Ende des Buches aufgelistet. Die Texte in den farbigen Kästen sind für besonders Interessierte und können auch in Ruhe zu Hause gelesen werden.

Jetzt heißt es: Augen auf – und du wirst sehen, in Hamburg gibt es viel zu entdecken. Gehe aufmerksam durch die Straßen und dir werden überraschende Dinge auffallen, an denen andere achtlos vorübergehen. Benutze alle deine Sinne. Sieh, hör, riech und fühl die Stadt. Das wird deine Wahrnehmung schärfen und mit der Zeit wirst du auch deine eigene Umgebung mit anderen Augen betrachten. Unterwegs kannst du kleine Rätsel lösen. Vor jedem Rundgang findest du einen Stadtplanausschnitt mit kleinen Punkten, die dir den Weg vom Anfang bis zum Ende zeigen, und einen Hinweis auf die jeweilige U-/S-Bahn, die dich zum Startpunkt fährt. Wenn dir die Strecke zu lang erscheint, dann mach eine Pause oder setze deinen Spaziergang ein anderes Mal fort. Es soll ja nicht anstrengend sein, sondern Spaß machen. Ob du nun eine echte Hamburger Deern, ein echter Hamburger Jung oder ein **Quiddje** bist, auf jeden Fall soll dieses Buch dich neugierig machen auf diese wunderschöne Stadt.

Und nun – **viel Vergnügen!**

Hamburg auf dem Weg zur Großstadt

Im Jahre 810

50 Einwohner

Im 9. Jahrhundert ist Hamburg noch ein kleines Dorf.

Im Jahre 1650

40 000 Einwohner

Im 17. Jahrhundert ist Hamburg die Stadt mit den meisten Einwohnern in Deutschland. Die Menschen werden durch Festungsmauern vor Feinden geschützt. Auf dem Bild siehst du, wo die Hammaburg ursprünglich gestanden hat. Jetzt ist es nur noch ein kleiner Fleck in einer großen Stadt.

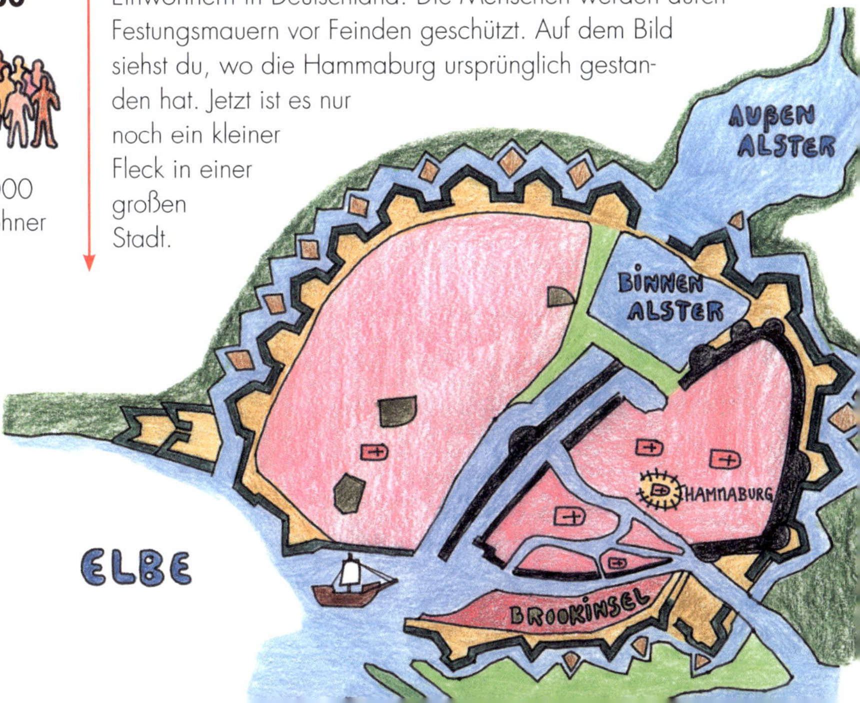

Im Jahre 2008

1 770 000 Einwohner

Heute ist Hamburg die zweitgrößte Stadt in Deutschland. An der Stelle der Befestigungsanlage befindet sich ein Park. Die Stadt ist darüber hinausgewachsen.

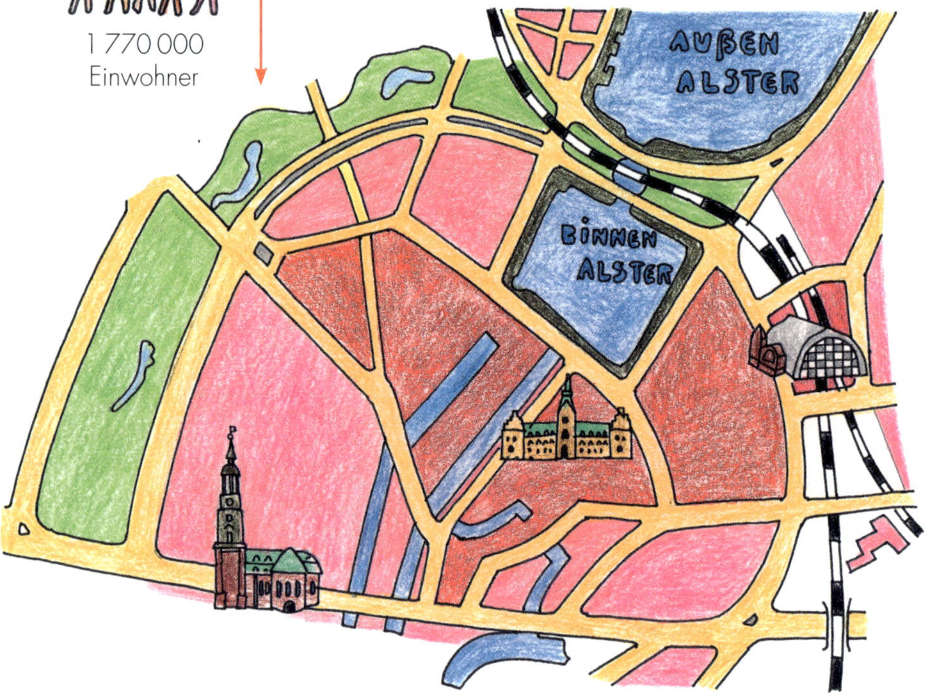

Die Jahrhunderte

Vielleicht hast du dich schon einmal darüber gewundert, dass es heißt: „Wir leben im 21. Jahrhundert." Trotzdem schreiben wir erst das Jahr 2009. Ziemlich verwirrend, nicht wahr? Aber wichtig zu wissen, weil wir uns auf unseren Rundgängen zwischen den Jahrhunderten hin und her bewegen. So bezieht sich zum Beispiel das 18. Jahrhundert auf den Zeitraum zwischen den Jahren 1701 und 1800. Das 21. Jahrhundert sind all die Jahre zwischen 2001 und 2100. 2101 wäre dann schon das 22. Jahrhundert. Aber so weit sind wir noch lange nicht.

Eine kurze Stadtgeschichte

Um 810 Die Hammaburg wird gebaut. Diese Festung ist noch keine richtige Burg, sondern ein Gelände mit mehreren kleinen Hütten, die durch einen hohen Wall geschützt sind. Etwa 50 Bauern leben hier. Hamburg und Hammaburg – diese Ähnlichkeit ist kein Zufall. Der Name „Hamburg" geht auf diese erste Festung zurück. Er ist abgeleitet von dem altsächsischen Wort „ham". Das Wort bedeutet so viel wie Gelände am Fluss oder Sumpfgebiet.

831 Erzbischof Ansgar missioniert den Norden. Der Erzbischof wird zur Hammaburg geschickt, um die Wikinger im Norden vom christlichen Glauben zu überzeugen. Diese wollen sich jedoch dem christlichen Herrscher nicht unterwerfen und ihre eigenen Götter behalten, wie zum Beispiel Odin, den Gott des Sieges, oder Tyr, den Gott des Krieges. Einige Jahre später greifen die Wikinger die Hammaburg an, plündern sie und brennen die Festung ab. Ansgar flieht nach Bremen. Die überlebenden Bewohner bauen die Siedlung und die Festung wieder auf. In der folgenden Zeit ziehen immer mehr Handwerker und Händler an diesen Ort.

1188 Graf Adolf III. von Schauenburg, der damalige Herrscher von Hamburg, gründet eine Kaufmannssiedlung mit Hafen an der Alster. Diese gräfliche Neustadt wird mit der bischöflichen Altstadt durch die Trostbrücke verbunden.

1189 Hamburg erhält einen Freibrief von Kaiser Friedrich Barbarossa. Dieser Brief erlaubt den Hamburgern günstig Handel zu treiben, denn ihre Schiffe haben freie Fahrt auf der Elbe. Niemand darf Zoll für die Waren von ihnen verlangen, die aus anderen Ländern über die Elbe in die Stadt gebracht werden. Der Freibrief trägt das Datum vom 7. Mai 1189. Dieser Tag wird jedes Jahr als Hafengeburtstag mit einem großen Fest gefeiert.

1230 Hamburg schließt ein Freundschaftsbündnis mit Lübeck, um die Handelswege zu sichern. Das ist der erste Schritt zur Hanse. *(Mehr dazu Seite 14).*

1350 In Hamburg bricht die Pest aus. Etwa 6000 Menschen sterben. Das ist die Hälfte der Stadtbevölkerung.

1401 Der Seeräuber Klaus Störtebeker und seine Freunde werden auf dem Grasbrook enthauptet. Man steckt ihre Köpfe zur Abschreckung auf Pfähle an das Elbufer. (9)

1529 Hamburg wird protestantisch. (3)

1600 Hamburg ist in dieser Zeit die größte Stadt in Deutschland. Sie hat 40 000 Einwohner. Darunter befindet sich eine große Zahl von Einwanderern, die aus Glaubensgründen nach Hamburg geflohen sind. Sie stammen vor allem aus Holland, Spanien und Portugal. Etwa jeder vierte Einwohner in Hamburg ist kein Deutscher. Hamburg ist sehr aufgeschlossen, was die Anerkennung anderer Glaubensrichtungen betrifft. Dahinter steckt aber oft nur ein wirtschaftliches Interesse: Man freut sich über reiche, tüchtige Kaufleute, die die Steuerkassen auffüllen.

1618–1648 In Deutschland tobt der Dreißigjährige Krieg. Viele Menschen sterben. Hamburg kommt fast unbeschadet davon, denn die Festungsanlage wurde rechtzeitig verstärkt, so dass die Feinde sie nicht überwinden können. Außerdem sind die Lager mit Korn gefüllt, um eine Belagerung zu überstehen.

1806–1814 Franzosenzeit in Hamburg: Die französischen Truppen unter Kaiser Napoleon besetzen Hamburg. Dies hat schlimme Folgen für die Stadt, denn Napoleon verhängt die Kontinentalsperre. Das bedeutet, er verbietet den Handel mit England. Englische Schiffe dürfen nicht mehr nach Hamburg fahren. Das lassen sich die Engländer jedoch nicht einfach gefallen. Sie sorgen dafür, dass gar kein Schiff mehr von der Nordsee über die Elbe nach Hamburg kommt. Der Handel bricht zusammen. Dafür blüht der Schmuggel. So werden beispielsweise Tee oder Kaffee in falschen Bäuchen, Buckeln oder sogar in Särgen in die Stadt gebracht. Die Franzosenzeit ist hart für die Hamburger Bevölkerung. 1814 verlassen die französischen Truppen die ausgeplünderte Stadt. Aus Freude über den Abzug der Franzosen wird im Michel ein Dankgottesdienst gehalten. (2)

1842 Im Mai bricht in der Deichstraße ein Feuer aus. Ein Großteil der Stadt fällt den Flammen zum Opfer. 3

1892 Die **Cholera** wütet in Hamburg. Wahrscheinlich haben Seeleute diese Krankheit in die Stadt eingeschleppt, an der 8605 Menschen sterben. Hamburg ist zwar eine reiche Stadt, aber es gibt auch große Armut. Viele Menschen, vor allem Arbeiterfamilien, leben auf engstem Raum in baufälligen Häusern in den **Gängevierteln**. Besonders in diesen Armenvierteln breitet sich die Krankheit aus. Es gibt kein sauberes Trinkwasser und die Räume sind so feucht, dass Wände und Möbel schimmeln. Aus Angst vor Ansteckung will niemand mehr Handel mit den Hamburgern treiben. Sogar Post aus Hamburg wird ungeöffnet verbrannt. Die Hamburger Regierung erkennt, dass sie etwas unternehmen muss. Sie lässt eine Wasserfilteranlage bauen und einige Jahre später werden die Gängeviertel abgerissen. 7

1914–1918 Erster Weltkrieg: 40 000 Soldaten aus Hamburg sterben. Daran erinnert ein Denkmal auf dem Rathausmarkt.

1933 Die **Nationalsozialisten** übernehmen die Regierung und die Macht im Hamburger Rathaus. Sie verbieten Parteien und Gewerkschaften. Viele Menschen, die sich kritisch äußern, werden verhaftet und kommen in ein **Konzentrationslager** (KZ). Besonders die jüdische Bevölkerung wird entrechtet und verfolgt. In der Reichspogromnacht (9./10.11.1938) zünden Nationalsozialisten die Geschäfte und **Synagogen** der Juden an. Ab 1941 werden 8000 jüdische Hamburger in die Vernichtungslager verschleppt und ermordet.

1937 Das Groß-Hamburg-Gesetz wird erlassen. Altona, Wandsbek und Harburg-Wilhelmsburg gehören nun zu Hamburg. Zuvor waren es eigenständige Städte.

1939–1945 Zweiter Weltkrieg: Im Juli und August 1943 erlebt die Stadt schreckliche Bombenangriffe. Zehn Tage und Nächte werfen Engländer und Amerikaner 10 000 Bomben auf die Stadt. Ein Großteil der Stadt wird zerstört und mehr als 45 000 Menschen sterben.

1962 Im Februar wird Hamburg in der Nacht von einer Sturmflut überrascht. Die Deiche brechen und viele Straßen und Häuser stehen unter Wasser. 315 Menschen sterben.

1981–1996 Kampf um die Häuser in der Hafenstraße: Anfang der 80er-Jahre stehen einige Häuser in der Hafenstraße leer. Junge Leute ziehen dort ein und beginnen die Häuser zu reparieren. Dann aber sollen die Grundstücke verkauft und die Häuser abgerissen werden. Die Bewohner sind dagegen und weigern sich auszuziehen. In den folgenden Jahren gibt es viel Streit und Krawalle um die Häuser. Erst nach 15 Jahren wird das Problem gelöst. Die Bewohner bekommen einen Mietvertrag. Auch heute sind noch einige der umkämpften Häuser an den Wandbemalungen zu erkennen.

1989 Hamburg feiert den 800. Hafengeburtstag.

1996 Die Idee der HafenCity wird geboren. Zwischen historischer Speicherstadt und Elbe soll die Hamburger Innenstadt um 40% wachsen. Bis 2025 entstehen in dem neuen Stadtteil im Hafengebiet nicht nur Wohnungen für 12 000 Menschen und 40 000 Arbeitsplätze, sondern auch neue Angebote zur Freizeitgestaltung.

2007 Baubeginn der Elbphilharmonie. Die neue gigantische Konzerthalle wird das neue Hamburger Wahrzeichen. Erster Spatenstich zum Bau der neuen U-Bahnlinie U4, die die Innenstadt ab Dezember 2011 mit der HafenCity verbindet.

Gibt es für dich ein wichtiges Datum im Zusammenhang mit Hamburg? Hier ist Platz für eigene Einträge:

. . . .

Hamburg im Mittelalter

Die Hanse

Reisende Kaufleute leben im Mittelalter – das sind die Jahre zwischen 500 und 1500 – sehr gefährlich. Sie müssen ständig mit Überfällen von Räubern zu Lande und zu Wasser rechnen. Daher schließen sich die Kaufleute im 13. Jahrhundert zu einem Bund zusammen, den sie Hanse nennen. Zu ihrer Sicherheit segeln sie in großen Verbänden. In der Gemeinschaft können sie außerdem ihre Handelsinteressen im Ausland viel besser durchsetzen. Im 14. Jahrhundert gehören etwa 200 Städte zum Hansebund, wie zum Beispiel Hamburg, Lübeck und Bremen. Gehandelt wird mit Tuch, Seide, Pelz, Wachs, Getreide, Heringen, Eisen, Gewürzen, Wein und vielen anderen Waren. Die Hamburger verkaufen vor allem Bier. Hamburg hat am Ende des 14. Jahrhunderts etwa 450 Brauereien. Sogar in der portugiesischen Stadt Lissabon wird das Hamburger Bier getrunken.

„Stadtluft macht frei"

Um 1380 hat Hamburg etwa 14 000 Einwohner, denn viele Menschen sind aus dem Umland in die Stadt gekommen. Vielleicht hast du schon einmal den Spruch „Stadtluft macht frei" gehört. Die einfache Landbevölkerung lebt als Leibeigene. Sie gehören reichen Herren, für die sie den Acker bearbeiten müssen. Sie haben keine Rechte. Ohne Erlaubnis des Grundherrn dürfen sie nicht in einen anderen Ort ziehen. Viele tun es trotzdem, denn wenn sie ein Jahr und einen Tag in der Stadt gelebt haben, darf ihr Grundherr sie nicht mehr zurückholen. Sie sind dann frei. Freiheit in der Stadt bedeutet jedoch nicht, dass alle Stadtbewohner gleich sind. Nur ein kleiner Teil der Bevölkerung besitzt das Bürgerrecht. Uneheliche Kinder oder Kinder von Leibeigenen haben keine Chance, Bürger zu werden. Auch Personen, die einen „unehrlichen" Beruf ausüben, sind davon ausgeschlossen. „Unehrlich" bedeutet nicht „betrügerisch", sondern meint „ohne gesellschaftliches Ansehen". Zu diesen Berufen gehören zum Beispiel Henker, **Schinder**, Straßenreiniger, Gaukler und Schauspieler. Nur reiche Bürger können Ratsherren oder gar Bürgermeister werden. Zumeist sind es Kaufleute, die durch Handel zu Reichtum gekommen sind.

Arbeit in der Stadt

Im mittelalterlichen Hamburg gibt es zahlreiche Berufe, die man heute gar nicht mehr kennt: Vogelsteller, Heringswäscher, Speermacher, Speckschneider, Zinngießer und **Böttcher**. Außerdem leben auch Schuhmacher, Schmiede und Schneider in der Stadt. Viele Menschen arbeiten als Knechte, Mägde oder Tagelöhner. Frauen verdienen Geld mit Spinnen, Nähen und Weben oder helfen dem Ehemann oder Vater. Alle Handwerker, die den gleichen Beruf ausüben, wohnen und arbeiten in einer Straße, die

nach ihrem Beruf benannt ist: die Bäcker in der Bäckerstraße und die Schlachter, die damals Knochenhauer heißen, in der Knochenhauertwiete. Wohlhabende Familien leben in der Reichenstraße. Man nennt sie auch die Steinreichen, denn sie können sich ein Haus aus Stein leisten.

Die Zünfte

Im Mittelalter entstehen Zünfte. In diesen Zünften schließen sich Handwerker zusammen, die denselben Beruf ausüben. So gibt es zum Beispiel die Zunft der Bäcker oder die Zunft der Maler. Nur wer Mitglied einer Zunft ist, darf seinem Handwerk nachgehen. Das nennt man Zunftzwang. Zünfte regeln die Größe des Betriebes, den Preis der Waren und kümmern sich um die Familien der verstorbenen Mitglieder. Sie bestehen bis zum 19. Jahrhundert und werden in Hamburg und Schleswig-Holstein aber nicht Zunft, sondern Amt genannt.

Wo kauft man ein?

Viele Handwerker und Händler verkaufen ihre Waren direkt vom Fenster aus. Da es in Hamburg erst ab 1530 Glasscheiben gibt, werden die Fenster im Mittelalter am Abend mit Fensterläden aus Holz verschlossen. Am Morgen klappt man diese Läden herunter, breitet die Waren darauf aus und der Verkauf kann beginnen. So entsteht der Begriff „Laden". Genaue Öffnungszeiten spielen noch keine Rolle. Wichtiger ist das Tageslicht. Die Menschen beginnen ihre Tätigkeit, wenn es hell wird und gehen bei Dunkelheit zu Bett, denn Kerzen sind teuer.

Womit wird bezahlt?

Im Jahre 1377 wird in Hamburg neues Geld eingeführt. Hamburg, Lübeck und andere Städte des Nordens schließen sich zu einem Münzverein zusammen, um einheitliche Münzen zu prägen. Bis dahin hatte jede Stadt ihre eigenen Münzen. Nach der neuen Regelung besteht eine Mark aus 16 Schillingen zu je zwölf Pfennigen. Dafür kann man vier Kühe, 75 Kilo Roggen oder 48 Kilo Butter kaufen. Ein Tagelöhner verdient etwa anderthalb Pfennige am Tag. So viel kosten zum Beispiel 22 Eier.

? *Aus wie vielen Pfennigen bestand damals eine Mark?* . . . .

Was essen und trinken die Hamburger?

Hamburger aus einem Schnellimbiss gibt es natürlich noch nicht, auch Spaghetti Bolognese ist den Menschen unbekannt. Im Mittelalter ist Kohl ein wichtiges Nahrungsmittel. Viele Hamburger bauen in ihren Gärten Gemüse und Obst an. Außerdem verkaufen Bauern aus dem Umland ihr Gemüse auf den Märkten in der Stadt. Sie bieten Kohl, Karotten, Bohnen, Erbsen und verschiedene Kräuter an. Auch Fisch aus Elbe und Alster steht auf dem Speiseplan. Schweine, Schafe und Rinder werden im Winter geschlachtet, da sich das Fleisch in der kalten Jahreszeit länger hält und die geschlachteten Tiere nicht durch den Winter gefüttert werden müssen. Kühlschränke oder Kühltruhen sind noch unbekannt. Durch Räuchern und Salzen (Pökeln) wird das Fleisch haltbar gemacht. Milchprodukte und Eier gehören zur Alltagskost. Bier ist ebenfalls ein wichtiges Grundnahrungsmittel. Man kocht auch Suppen daraus. Allerdings enthält es nicht so viel Alkohol wie heute. Sogar Kinder trinken schon Bier, denn das Wasser aus den **Fleeten** ist nicht immer zu genießen und nicht jeder Hamburger bekommt Trinkwasser aus einem sauberen Brunnen. Bei der Bierherstellung wird das Wasser abgekocht. Dadurch werden die krank machenden Keime abgetötet.

Hamburgs Straßen

Die Straßen in Hamburg sind im Mittelalter viel schmutziger als heute, denn es gibt noch keine Müllabfuhr und auch keine Kanalisation. Die Menschen schütten ihre Abfälle, das Schmutzwasser und den Inhalt der Nachttöpfe einfach auf die Straße oder in die Fleete. Da man nicht weiß, dass verschmutztes Wasser schwere Krankheiten auslösen kann, wird das Wasser aus den Fleeten jedoch auch als Trinkwasser genutzt. Kein Wunder, dass die Menschen früh sterben. Im Durchschnitt werden sie kaum älter als 30 bis 40 Jahre. Viele Kinder erreichen nur das fünfte Lebensjahr. Außerdem leben unzählige Ratten in der Stadt, die sich in den Abfällen sehr wohl fühlen. Sie stellen eine weitere Gefahr dar, denn ihre Flöhe übertragen die Pest, an der zahlreiche Menschen sterben.

Bei Hitze im Sommer stinkt es entsetzlich in der Stadt und bei Regen steht der Schlamm knöcheltief in den Straßen, denn die meisten sind nicht gepflastert. Hinzu kommt, dass Tiere, wie zum Beispiel Schweine, frei in der Stadt umherlaufen. In der warmen Jahreszeit treibt sie ein Hirte jeden Morgen auf die Weiden vor die Stadttore, aber im Herbst leben sie innerhalb der Stadtmauern. Und du kannst dir sicher vorstellen, dass sie eine Menge Schmutz auf den Straßen hinterlassen. Gummistiefel gibt es noch nicht. Man trägt meistens Holzschuhe oder läuft barfuß. Lederschuhe kann sich nicht jeder leisten.

Waschtag

Die Menschen im Mittelalter waschen sich nicht täglich. Aber am Sonnabend oder vor Festtagen wird gebadet. Dafür gibt es Waschzuber zu Hause oder man geht in die Badehäuser. Die Handwerker erhalten sogar zusätzlich zu ihrem Lohn ein Badegeld, damit sie sich das Badevergnügen leisten können.

Wie leben die Kinder?

Das Leben der Kinder im Mittelalter sieht anders aus als deines. Viele Kinder werden schon im Alter von acht bis zehn Jahren in eine andere Familie geschickt, um Geld zu verdienen. Andere gehen den Eltern zur Hand: Sie hüten das Vieh, sammeln Beeren, arbeiten auf dem Feld oder in der Werkstatt. Durch Zusehen und Mithelfen erlernen sie den Beruf der Eltern.

Nur wenige Kinder besuchen die Schule. Zu arbeiten erscheint wichtiger, als lesen und schreiben zu lernen. Die allgemeine Schulpflicht wird erst viel später – 1870 – eingeführt. In Hamburg gibt es im Mittelalter zunächst nur die Domschule, an der Jungen unterrichtet werden, die man zu Priestern oder Mönchen erzieht. Mit dem Aufstieg der Hanse und dem zunehmenden Handel wollen immer mehr Knaben lesen, schreiben und rechnen lernen. So wird am Ende des 13. Jahrhunderts eine zweite Schule, die Nikolaischule, gegründet. Die Schüler müssen viel Latein büffeln. Auch Musik ist ein wichtiges Fach, denn die Jungen singen in den Gottesdiensten. Außerdem gründet man seit dem 15. Jahrhundert Schreibschulen und Privatschulen, die Winkelschulen genannt werden. An diesen Schulen wird lesen und schreiben gelernt. Statt lateinischer liest man nur deutsche Bücher. Um eine Schule besuchen zu dürfen, muss Schulgeld bezahlt werden. Reiche Eltern bezahlen mehr Schulgeld als arme Eltern. Für Mädchen ist keine Schulbildung vorgesehen. Nur Mädchen, die in den Frauenklöstern leben, erhalten Unterricht. Das ändert sich erst im 16. Jahrhundert. Nach der neuen Schulordnung dürfen nun auch die Töchter zur Schule gehen, allerdings höchstens zwei Jahre und nur ein bis zwei Stunden am Tag. Bildung gilt für Mädchen noch lange Zeit als „unschicklich". Man ist der Meinung, dass es ausreicht, wenn sie biblische Texte lesen und christliche Lieder singen können. Zur Vorbereitung auf die Ehe sollen sie lieber nähen, sticken und spinnen lernen, damit sie gute Hausfrauen werden. So dachte man damals.

Natürlich spielen Kinder auch im Mittelalter, aber Fernseher, Gameboy und Computerspiele sind noch lange nicht erfunden. Es gibt Ritterfiguren und Puppen, aber nicht aus Plastik, sondern aus Ton oder Holz. Gespielt wird auch mit Würfeln und Kegeln, hergestellt aus den Knochen von geschlachteten Tieren. Eine Schweineblase wird zum Luftballon. Beliebt sind auch Kreisel, Murmeln und Ballspiele.

1. Rundgang

Bauten auf Pfählen und Schiffe auf Dächern

Vom Rathaus zum Hopfenmarkt

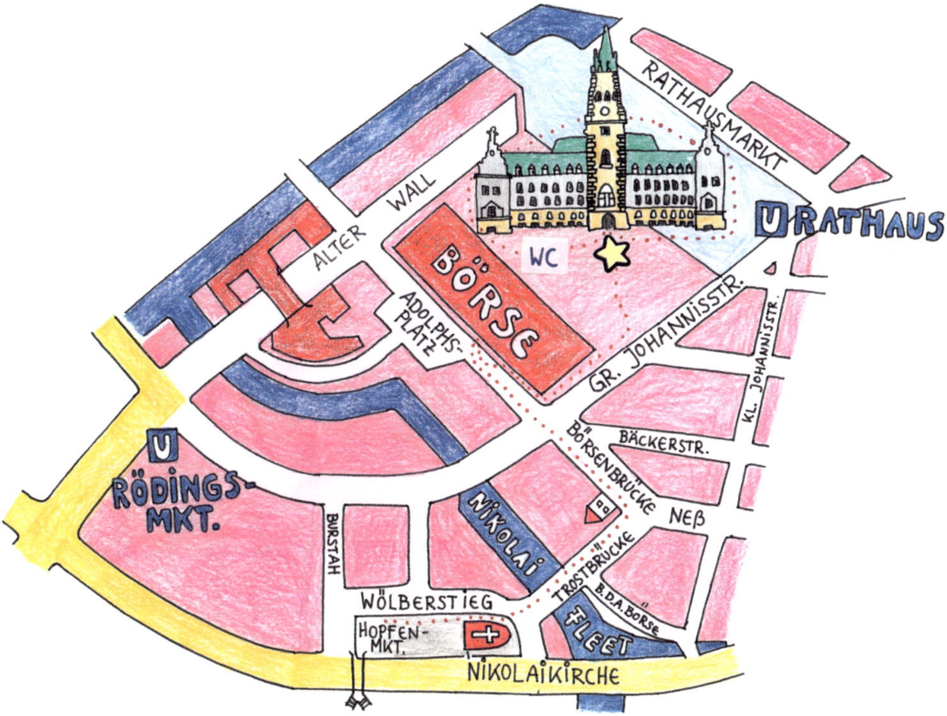

Startpunkt:
Rathausmarkt

U-Bahn:
U1, U2, U3, S1, S2, S3 Rathaus/Jungfernstieg

Hallo, Herr Bürgermeister!

Dein erster Besuch führt dich in die gute Stube Hamburgs. Das Rathaus ist ein riesiges Gebäude. Stell dir vor, es ist 111 Meter breit und der Turm ragt 112 Meter in die Höhe. Auch die Anzahl der Zimmer ist kaum zu übertreffen. Es sind 647. Ob der Bürgermeister sich hier schon einmal verlaufen hat? Es sind schließlich mehr Räume, als der Buckingham-Palast der englischen Königin vorweisen kann.

Das alte Rathaus an der Trostbrücke wurde beim Großen Brand von 1842 gesprengt, weil man hoffte, dadurch das Feuer aufhalten zu können. 3 Nach einigen Jahren beschloss der Rat, ein neues, stattliches Rathaus zu bauen, das den Reichtum und die Macht der Kaufmannsstadt zeigen sollte. Es ist das Gebäude, vor dem du jetzt stehst. Die Bauzeit dauerte ganze elf Jahre, von 1886 bis 1897. Zunächst mussten 4000 Holzpfähle in den Boden gerammt werden, denn der Untergrund war sehr morastig. Auf diesen Pfählen wurde eine Betonplatte befestigt, auf der das Rathaus steht.

Wenn du dir etwas Zeit lässt, die Fassade zu betrachten, wirst du eine Menge Interessantes entdecken. Zwischen den Säulen stehen 20 Kaiser, die alle eine Bedeutung für die deutsche Geschichte haben. Sie sind aus Bronze gegossen. Über den einen oder anderen wirst du sicher noch etwas im Geschichtsunterricht erfahren.

Wie heißen die beiden Kaiser, die über dem Eingang thronen?

. . . .

. . . .

Über den Kaisern befindet sich eine Reihe kleinerer Figuren, die verschiedene Berufe darstellen. Ist dir aufgefallen, dass nur Männer vertreten sind?

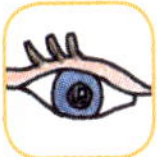

Welche Berufe kannst du erkennen?

. . . .

Auf dem Dach des Rathauses sind alle **Schutzpatrone** der fünf Hamburger Hauptkirchen zu finden. Rechts oben steht der Erzengel Michael, der dem Hamburger Michel seinen Namen gab. Sein großes Schwert hatte er schon einmal bei einem schweren Sturm verloren.

Hamburg ist eines der 16 Bundesländer und einer der drei Stadtstaaten, die es in Deutschland gibt. (Die beiden anderen Stadtstaaten sind Berlin und Bremen.) Die Stadt hat eine Landesregierung, die Senat heißt, und ein Landesparlament, das Bürgerschaft genannt wird. Der Senat besteht aus zehn **Senatoren** und Senatorinnen und in der Bürgerschaft sind mindestens 120 Abgeordnete vertreten. Im Rathaus wird Hamburg regiert. Hier befinden sich die Arbeitsräume des Bürgermeisters, des Senats und der Bürgerschaft. In diesen Zimmern werden Gesetze beschlossen, Gelder verteilt und die verschiedenen Aufgaben und Probleme der Stadt gelöst.

Das ist das Wappen der Freien und Hansestadt Hamburg.

Wir besichtigen zunächst den Innenhof des Rathauses. Gehe dazu rechts am Rathaus vorbei durch die Straße Alter Wall. Du wirst feststellen, dass das Rathaus rundherum mit Skulpturen geschmückt ist. Auf dieser Seite verschönert Justitia die Hauswand. Sie ist die altrömische Göttin des Rechts und verkörpert die Gerechtigkeit. Darauf weist die Waage hin, die sie in ihrer Hand trägt.

Ein Einhorn versteckt sich an der Fassade. Kannst du es finden?

Wer bewacht den Eingang zum Innenhof?

. . . .

Im Innenhof wird dir als Erstes sicher der große Brunnen auffallen. Dieser Brunnen wurde zur Erinnerung an die **Cholera** errichtet, die in der Stadt wütete, als das Rathaus gebaut wurde. An dieser schweren Krankheit starben damals mehrere Tausend Menschen, denn schmutziges Wasser brachte den Tod.

Die Figuren auf dem Brunnen zeigen die lebenswichtige Bedeutung des sauberen Wassers. Da ist zum Beispiel eine Frau, die einen Krug in der Hand hält. Sie will uns sagen, dass die Menschen auf Wasser als Getränk angewiesen sind.

Rede mit deinen Begleitern über die Bedeutung der anderen Brunnenfiguren.

Der Brunnen hat aber noch eine ganz andere Aufgabe: Über ihn wird durch unterirdische Kanäle Frischluft für das Rathaus angesaugt.

Wenn du dich noch nicht am Rathaus satt gesehen hast, dann schau dir die Rückseite des Gebäudes an. Hier schmücken Fürsten und Bischöfe die Fassade. Links unten befindet sich eine reich verzierte Tür mit Adam und Eva in den Seitennischen. Sie trägt zwar den Namen Brautpforte, aber keine Braut hat je diese Tür durchschritten. Sie dient nur zur Zierde des Gebäudes. An der Fassade darüber ist der Hochzeitsgott Hymen zu erkennen und oben als krönender Abschluss turteln zwei Tauben.

Auf der anderen Seite des Gebäudes, der Brautpforte genau gegenüber, kannst du einen Jungen sehen, der einen Löffel ableckt.

Was meinst du, welcher Raum sich hinter den Fenstern befindet?

. . . .

Bevor wir das Rathaus besichtigen, lenken wir unsere Aufmerksamkeit kurz auf das gegenüberliegende Gebäude. Es ist die Rückseite der ehemaligen Börse. An der Fassade über der Fensterreihe sind vier Kontinente vertreten: Australien, Afrika, Asien und Amerika. Aber es gibt fünf.

Welcher Kontinent fehlt?

. . . .

Wir gehen nun über die Treppe in das Rathaus hinein. Der erste Eindruck erinnert an eine Kirchenhalle: viele Säulen und eine gewölbte Decke. Das Rathaus ist eine Art Doppelhaus. Auf der linken Seite befinden sich die Räume des Senats und auf der rechten Seite die der Bürgerschaft. Wenn du die Treppenaufgänge rechts und links vergleichst, dann wirst du feststellen, dass sie sehr unterschiedlich sind. Die Treppe, die zu den Räumen des Senats hinaufführt, ist prachtvoller gestaltet, weil dort der Bürgermeister wichtige Gäste wie Staatspräsidenten und Könige empfängt. In der Diele stehen 16 Säulen, auf denen bekannte Hamburger Bürger und Bürgerinnen abgebildet sind.

Wie viele Frauen findest du auf den Säulen?

. . . .

Über dem Eingang hängt eine Uhr. Links und rechts davon wachen ein Hahn und eine Eule über Tag und Nacht.

Ein Kind schlägt jede Viertelstunde die Glocke an, die sich über der Uhr befindet.

Leider darfst du nicht allein durch die Räume des Rathauses gehen. Aber du kannst an einer Führung teilnehmen. Es lohnt sich. Besonders die Räume

Die Geschichte der Waisenkinder

Im Rathaus gibt es einen geheimnisvollen Raum, den man bei einer Führung auch besichtigen kann. Er wird das Waisenzimmer genannt. Sein Name erinnert an die 80 Hamburger Waisenkinder, die am Ende des 19. Jahrhunderts diesen Raum mit wunderschönen Kerbschnitzereien verziert haben. Die Knaben waren zwischen acht und vierzehn Jahre alt und hatten das Schnitzhandwerk im Waisenhaus erlernt. Du fragst dich vielleicht, welche Kinder damals ins Waisenhaus kamen? Es gab dort Kinder, die keine Eltern mehr hatten oder nur noch einen Elternteil, weil diese verstorben waren. Manche Eltern saßen auch im Gefängnis und andere wiederum lagen im Krankenhaus. Außerdem waren einige Väter und Mütter nicht in der Lage, ihre Kinder zu erziehen, oder sie hatten zu wenig Geld für Essen und Kleidung. Dann lebten im Waisenhaus auch Kinder, deren Eltern nicht verheiratet waren, und Findelkinder, die von ihren Eltern verlassen worden waren. Willst du wissen, wie ein ganz normaler Tag im Waisenhaus verlief? Im Sommer wurden die Kinder morgens um 5.30 Uhr geweckt. Zum Frühstück gab es trockenes Weißbrot und Milch. Vor dem Schulunterricht, der um acht Uhr begann, mussten die Mädchen und Jungen den Hausputz erledigen. Das bedeutete, die Wohn- und Speisesäle zu säubern und das Geschirr abzuwaschen, denn dafür gab es nur wenig Personal. Nach Schulschluss um 12 Uhr bekamen sie ein einfaches Mittagessen. Am Nachmittag nach den Schulaufgaben stand freies Spielen oder Beschäftigung im Haus, in den Werkstätten oder im Garten auf der Tagesordnung. Nach der Abendandacht gingen die Kinder um 20.30 Uhr zu Bett. Im Schlafsaal durften sie sich nicht mehr unterhalten.

Wie sieht dein Tagesablauf aus?
Rede mit deinen Freunden und Freundinnen darüber.

des Senats sind so glänzend und prunkvoll gestaltet wie in einem Märchenschloss. *(Informiere dich auf Seite 154.)*

Genug zum Rathaus. Es geht weiter! Wie wir schon festgestellt haben, war die ehemalige Börse der direkte Nachbar des Rathauses. Den gemeinsamen Innenhof hast du bereits kennengelernt. Du gehst nun einmal um das Rathaus herum und kommst zum Haupteingang der alten Börse am Adolphsplatz.

Hier wurde gehandelt

Die erste Börse stand an der Trostbrücke, die heute auch auf unserem Weg liegt. 1841 baute man ein größeres Börsenhaus am Adolphsplatz. Die Händler hatten mit ihren **Kolonialwaren** so gut verdient, dass der Börsenbetrieb immer umfangreicher wurde. Bis zu 5000 Besucher hatten Platz im großen Saal. Dicke Säulen und Rundbögen erwarten dich an der Eingangsseite. Dort ist die Handelskammer zu Hause, die die Interessen der Hamburger Wirtschaft vertritt. An den Rundbögen sind Steinbilder angebracht. Sie zeigen dir die verschiedenen Zweige der Hamburger Wirtschaft: Industrie und Handwerk, Forschung und Seefahrt, Landwirtschaft und Handel.

Woran erkennt man den Seefahrer?

. . . .

Auf dem Dach sind zwei moderne Figurengruppen zu erkennen. Auf der rechten Seite versammelt die Hamburger Stadtgöttin Hammonia Menschen um sich, die Arbeiten planen und ausführen. Links umgibt sich Diana, die Göttin der Jagd, mit Personen aus Kunst, Kultur und Wissenschaft.

Wie viele „Leute" sitzen auf dem Dach der Handelskammer?

. . . .

Wir gehen in das Gebäude nach links in die Eingangshalle zum Service Center. Dort kannst du dir vier kostbare Modelle von Kriegsschiffen ansehen, die die Hamburger Handelsschiffe im 17. Jahrhundert gegen Piraten verteidigten. Sie sind reich verziert und sogar blattvergoldet. Zwei schweben an der Decke und die anderen beiden stehen im Raum hinter der Treppe.
Bevor die Börse 2005 in die Kleine Johannisstraße umzog, wurde in diesem Gebäude mit vier verschiedenen Börsen Handel betrieben: mit Aktien in der Wertpapierbörse, mit Versicherungen in der Versicherungsbörse, mit

Was ist eigentlich eine Börse?

Du musst dir die Börse wie einen großen, überdachten Marktplatz vorstellen, aber ohne Waren. Verkauft wird nämlich nur auf dem Papier. Die Ware kann man sich nicht ansehen. Sie liegt in Lagerhäusern irgendwo auf der Welt. Auch die Verkäufer und Käufer sind nicht vor Ort, sondern haben Börsenhändler geschickt, die einkaufen und verkaufen. Da man nicht weiß, wie gut oder schlecht die Ware ist, hat man sie vorher in Größen- oder Qualitätsklassen eingeteilt. Und die bestimmen den Preis.

Getreide und Futtermitteln in der Getreidebörse. In der allgemeinen Börse wurde mit Grundstücken und Häusern gehandelt. Früher gab es im Freihafen auch noch eine Kaffeebörse.

?

Womit wurde in der Kaffeebörse gehandelt?

. . . .

Stadtfreunde

Wir verlassen die Börse nach links in Richtung Börsenbrücke. Schon von Weitem fällt das rote Gebäude auf, dessen Fassade an eine alte Burg erinnert. Achte auf den Löwen, der die Fahnenstange an der Ecke Trostbrücke ziert. Bis zum Großen Brand von 1842 stand hier das alte Rathaus und gegenüber die erste Börse. Heute findet man dort das Haus der Patriotischen Gesellschaft. Das ist ein Verein, dessen Mitglieder zum Wohle der Stadt und seiner Bewohner viele Neuerungen ins Leben gerufen haben. Er wurde schon 1765 gegründet. Zur damaligen Zeit hatte das Wort **Patriot** die Bedeutung „Stadtfreund". Wer weiß denn heute noch, dass die Patriotische Gesellschaft die erste Sparkasse der Welt, die erste Gewerbeschule, die erste öffentliche Bücherhalle, ein Schwimmbad an der Binnenalster und den Blitzableiter in Hamburg eingeführt hat?

Sehtest

Die Verlängerung der Börsenbrücke heißt Neß. Hier zweigt die Trostbrücke ab. Wir bleiben stehen und lenken unseren Blick nach links, geradewegs auf ein rotes, altes Gebäude mit der Hausnummer 1. Was in diesem Haus früher zu finden war, verrät dir die Aufschrift über der Fensterfront des zweiten Stockwerks. Kannst du sie lesen? Es ist gar nicht so einfach, die Buchstaben zu entziffern, weil man mit den Augen zwischen den hellen und den roten „Schriftzeichen" hin und her springen kann. Die hellen „Buchstaben" sehen aus wie **Runen** einer unbekannten Schrift.

Was steht auf dem Haus?

. . . .

Das Rätselbild funktioniert nach demselben Grundsatz. Was ist auf dem rechten Bild dargestellt?

. . . .

Achte zunächst auf die schwarze Zeichnung, dann siehst du eine Vase. Wenn du aber nur die weißen Flächen betrachtest, dann springt das Bild und du kannst zwei Gesichter erkennen, die sich anschauen. Die Vase ist jetzt unsichtbar. Sie ist wie weggezaubert. Das Auge kann zwischen den Formen hin und her springen. Für die andere Form sind wir dann „seelenblind". Das kommt daher, weil für uns der Hintergrund (einmal weiß, das nächste Mal schwarz) nie so wichtig ist wie der Gegenstand oder die Figuren (zuerst war es die Vase, dann die Gesichter).

Das alte Herz der Stadt

Wir kommen zum Nikolaifleet. Hier lag im Mittelalter mit Rathaus und Zollhaus das Zentrum der Stadt. Am **Fleet** entstand auch der erste Hamburger Hafen. Wir überqueren das Nikolaifleet auf der Trostbrücke, die um 1881 neu erbaut wurde. Aber schon im 13. Jahrhundert gab es an dieser Stelle eine Brücke. Damals war sie aus Holz. Bei Ebbe sind im Schlick und **Modder** die Holzpfähle gut zu sehen, auf denen ein großer Teil der Innenstadt, wie auch das Rathaus, errichtet wurde.

Kannst du den Modder riechen?

Die Trostbrücke verbindet die ehemals bischöfliche Altstadt mit der gräflichen Neustadt. Rechts und links wird sie von zwei älteren Herren bewacht. Es sind die Stellvertreter der kirchlichen und der weltlichen Macht: der heilige Ansgar, der als Erzbischof das Bistum Hamburg regierte, und Adolf III., Graf von Schauenburg, der Ende des 12. Jahrhunderts den Alsterhafen und die Neustadt als neue Kaufmannssiedlung gründete. Rund um den Neß hatten die Kaufleute ihre Wohnhäuser. Man sagt, dass der Name der Brücke auf einen Anwohner zurückzuführen ist, der Trost hieß. Andere meinen jedoch, dass auf der Brücke den Verurteilten der letzte Trost zugesprochen wurde, bevor sie am Galgen sterben mussten.

Woran erkennt man den Erzbischof?

. . . .

Herren der Meere

Schiffe auf dem Wasser kennt jeder. Aber Schiffe auf einem Dach? Schau dich um und du wirst sie entdecken. Auf der anderen Seite der Brücke ist der Globushof. Das ist ein **Kontorhaus** mit dem römischen Meeresgott Neptun und zwei goldenen Segelschiffen auf dem Giebel. Sie glänzen schön in der Sonne. Die Hamburger Kaufleute ließen sich solche eindrucksvollen Kontorhäuser bauen, um zu zeigen, dass sie eine große Handelsmacht sind und mit ihren Geschäften in Übersee viel Geld verdienen.

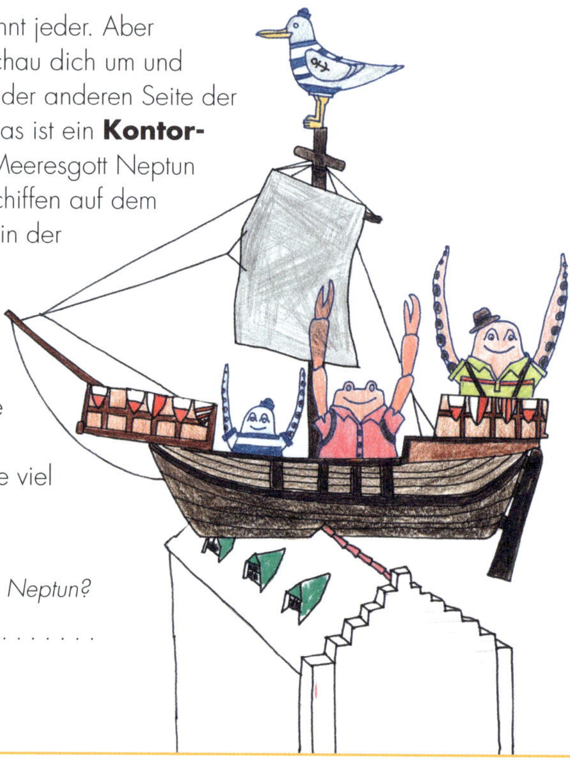

Woran erkennt man den Neptun?

. . . .

Gleich hinter der Brücke liegt auf der linken Seite ein großes, rotes Haus am Wasser. Das ist das Kontorhaus der **Reederei** Laeisz. Kannst du erkennen, welches Tier auf dem spitzen Giebel hockt? Es ist ein Pudel aus Kupfer. Er soll an Sophie Laeisz erinnern. Sie war die Frau des Hamburger Großreeders Carl Heinrich Laeisz.
Die Dame wurde „Pudel" genannt, weil sie eine Frisur hatte, die an einen Pudel erinnerte. Ihr zu Ehren erhielten die schnellen Segelschiffe der Reederei Namen, die alle mit einem „P" begannen: z.B. Pamir, Passat, Padua, Preußen.

?

Hast du auch einen Kosenamen?

. . . .

Bevor du zum Hopfenmarkt weitergehst, schau dir noch die Fassade des Kontorhauses an. Die prächtigen Statuen stellen Kaiser Wilhelm I., Bismarck und die Generäle Roon und Moltke dar. Sie haben von oben einen guten Überblick und weisen darauf hin, dass der Hausbesitzer ein treuer Untertan des Kaisers war.

Eine Ruine mit gläsernem Fahrstuhl

Unsere nächste Station ist die Nikolaikirche am Hopfenmarkt. Vor 800 Jahren war sie eine kleine Kapelle, die 1195 zu Ehren des heiligen Nikolaus gebaut wurde. Der heilige Nikolaus ist auch heute noch der **Schutzpatron** der Seefahrer und Reisenden.

?

Kennst du noch andere Schutzpatrone?

. . . .

1353 wurde St. Nikolai zu einer großen Hauptkirche ausgebaut und bekam einen hohen Turm. Schon von Weitem kannst du den Turm sehen. Das ist kein Wunder, denn er ist 147,3 Meter hoch und der dritthöchste Kirchturm in Deutschland. Die beiden Kirchen mit höheren Türmen sind das Ulmer Münster (161 m) und der Kölner Dom (157 m).

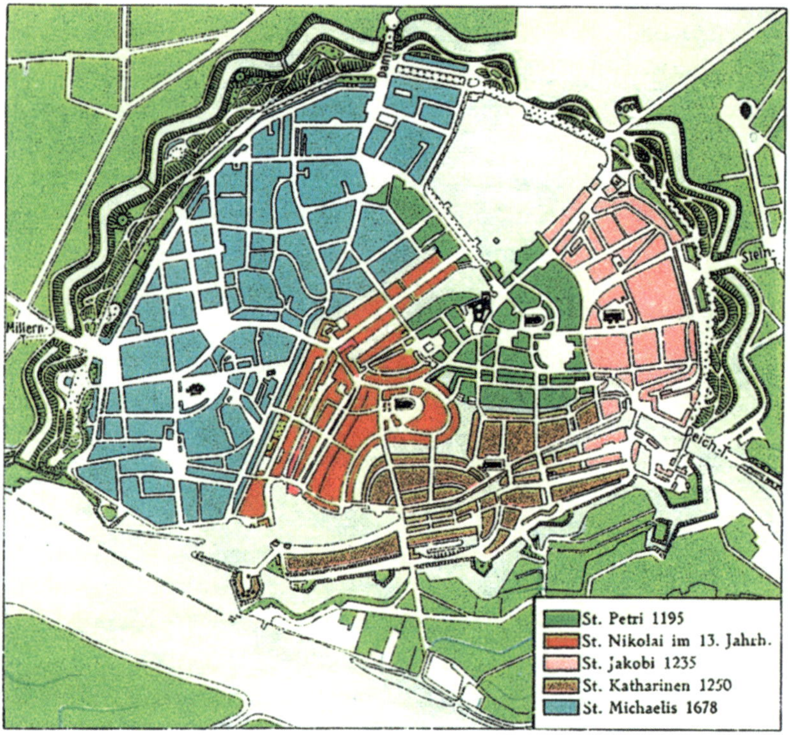

57. Die fünf Kirchspiele. (auf Grund des Planes von 1834).
Diese Einteilung ist auch für die Verwaltung sowie für die Rekrutierung maßgebend geworden.

Die Hamburger Kirchspiele

Wir befinden uns im Nikolai-Kirchspiel. Kirchspiele sind nicht, wie man meinen könnte, Spiele in einer Kirche, sondern alte Hamburger Kirchengemeinden oder Stadtviertel. Die Stadt war bis 1860 in fünf Kirchspiele unterteilt. Das waren zunächst kirchliche, später auch städtische Verwaltungsbezirke. In der Mitte der Kirchspiele standen die Hauptkirchen: St. Nikolai in der gräflichen Neustadt und St. Petri in der bischöflichen Altstadt. Die anderen drei Hauptkirchen sind St. Katharinen, St. Jacobi und St. Michaelis. Welche Leute in den einzelnen Vierteln wohnten, wird in einem alten Spruch deutlich: „St. Petri de Rieken (die Reichen), St. Nikolai desglieken (desgleichen, das heißt auch Reiche), St. Katharinen de Sturen (die Unnachgiebigen und Harten), St. Jacobi de Buren (die Bauern), St. Michaelis de Armen (die Armen), dat mag Gott woll erbarmen."

Warum ist St. Nikolai eine Ruine?

St. Nikolai hat ein schweres Schicksal hinter sich. Die Kirche wurde gleich mehrmals zerstört, so auch beim Großen Brand von 1842. Da viele Häuser aus Holz gebaut waren, ging innerhalb von 80 Stunden ein großer Teil der Innenstadt von Hamburg in Flammen auf. 20 000 Menschen hatten danach keine Wohnung mehr. Nach dem Vorbild des Kölner Doms wurde eine neue Kirche gebaut und 1863 feierte man dort wieder den ersten Gottesdienst. Das letzte Mal wurde St. Nikolai Opfer der Brandbomben im **Zweiten Weltkrieg**. Nur der Kirchturm blieb verschont. Heute ist die Ruine ein Mahnmal, das uns daran erinnern soll, wie schrecklich Krieg ist. Die **Pyramide** auf dem Kirchplatz ist der Eingang zur **Krypta**, die verschüttet war und erst 1998 freigelegt wurde. Dort kannst du eine Ausstellung zu den Bombennächten besuchen.

Vielleicht hast du ja Großeltern, andere Verwandte oder Nachbarn, die zur Kriegs- und Nachkriegszeit in Hamburg gelebt haben. Sie können dir bestimmt etwas darüber erzählen. Du musst sie nur fragen.

Die große Glocke auf dem Platz ist nicht vom Kirchturm gefallen. Es ist eine Spendenglocke.

Hast du den Erdenengel schon entdeckt? Edith Breckwoldt hat ihn aus Bronze gefertigt.

Der Engel fordert dich auf, ihn zu berühren.
Lies die Inschrift und probier es aus!

Was sagt der Engel zu dir?

. . . .

. . . .

Auf der anderen Seite des Platzes, in einem kleinen Steingarten, findest du noch eine Skulptur von derselben Künstlerin. Ist dir die schöne Musterung des schwarz-weißen Bodens aufgefallen? Die weißen, kleinen Steine lenken deine Aufmerksamkeit direkt zu der knienden Frau aus Bronze. Sie bittet um Frieden und ist ganz in ihr Gebet versunken. Ein kleines, nacktes Kind klammert sich ängstlich an ihre Beine. Ob es wohl friert?

Wenn du schwindelfrei bist, dann erwartet dich zum Abschluss ein besonderes Erlebnis. In einem gläsernen Aufzug in der Turmruine kannst du die Welt von oben betrachten. Schaffst du es, aus 75 Metern Höhe einen Blick in den Abgrund zu wagen?

Hopfen und Malz – Gott erhalt's

Nachdem du wieder festen Boden unter den Füßen hast, gehst du ein Stück den Wölberstieg entlang. Schon bist du auf dem Hopfenmarkt. Seinen Namen bekam er im 14. Jahrhundert von den Bierbrauern, die dort ihren Hopfen einkauften. Dieser frühere Hauptplatz der Neustadt war einst ein Großmarkt für allerlei Lebensmittel. Später wurde dort nur noch Gemüse verkauft, das hauptsächlich aus den Vierlanden kam. Heute steht auf dem Hopfenmarkt der schöne, alte Vierländerin-Brunnen. In der Mitte siehst du eine Frau in einer Vierländer Tracht. Sie ist nach Hamburg gekommen, um Obst und Gemüse zu verkaufen. Erkennst du den Gegenstand, auf den sich die Vierländerin stützt? Es ist ein Schulterjoch, wie es auch die Wasserträger hatten. Die Marktfrau braucht das Joch zum Tragen ihrer Körbe, die sie hinter sich abgestellt hat. Wahrscheinlich hat sie schon etwas verkauft, denn ein Korb ist schon leer.

Um den Brunnen zieht sich ein Spruch. Bei einem Frosch fängt er an.
Wie heißt der Spruch?

Vierlande heißt das große Obst- und Gemüseanbaugebiet bei Bergedorf. Dieses fruchtbare Ackerland war einst der Hauptlieferant für die Hamburger Märkte. Die Ware wurde mit **Ewern** auf den Elbarmen nach Hamburg transportiert.

☞ *Tipp: Auch heute findest du auf den Märkten und in den Geschäften Obst und Gemüse aus den Vierlanden. Achte einmal darauf.*

Der Kinderbischof von Hamburg

Im Mittelalter war der St.-Nikolaus-Tag das Hauptfest der Hamburger Schulkinder. An jedem 6. Dezember durften sie aus ihrer Mitte einen Kinderbischof wählen. Da diese Ernennung eine große Ehre bedeutete, war es natürlich der brennendste Wunsch eines jeden Schülers, einmal dieses hohe Amt zu bekleiden. Der Auserkorene durfte an seinem großen Tag ein bischöfliches Gewand anziehen, trug **Stola**, Hut, Stab und Ring und wurde in einem prunkvollen Geleit von seinen Mitschülern in den Dom geführt. Während der Messe musste er eine bischöfliche Rede halten, die er vorher selbst geschrieben hatte. Der Höhepunkt des Festes war dann die große Prozession durch die Straßen von Hamburg. Das Ganze erinnert an einen Karnevalsumzug: Hoch zu Ross saß der Kinderbischof und wurde von kleinen Kirchendienern begleitet. Fantastisch geschmückte Schüler trugen bunte Fahnen und Stangen, die mit allerlei Kuchen und Kringeln behängt waren. Danach folgten singend die älteren Schüler in ihrer grauen Schuluniform. Am Ende des Zuges tobte und lärmte die ganze Schar der jüngeren Schüler. Verkleidet als Apostel und Heilige, Engel, Priester, Mönche, Könige, Ritter, Bauern, Krieger, Narren und Teufelchen trieben sie allerlei Unsinn und verübten Streiche zur Freude der Zuschauer, die den Zug begleiteten oder aus den Fenstern zusahen. Unterwegs wurden die Kinder mit Lebensmitteln oder **Almosen** beschenkt, und der schöne Tag ging mit einem fröhlichen Schmaus zu Ende. Auch heute gibt es in Hamburg wieder Kinderbischöfe, denn nach über 400 Jahren wurde 1994 der alte Brauch wieder lebendig. Drei Kinder im Alter zwischen elf und dreizehn werden jedes Jahr in ihr Amt als Kinderbischof eingeführt.

2. Rundgang

Vom Schwanenvater und dem Venedig des Nordens

Auf dem Weg von der Petrikirche zum Stephansplatz

Startpunkt:
St. Petri

U-Bahn:
U3 Rathaus, Ausgang Mönckebergstraße

Pferde in der Kirche

Wir beginnen unseren Rundgang bei St. Petri, der ältesten Hauptkirche in der Stadt. Sie ist benannt nach dem Apostel Petrus. Auch dieses Gotteshaus wurde beim Großen Brand von 1842 zerstört und wenige Jahre später wieder aufgebaut.

Am Eingang solltest du unbedingt auf den Löwenkopf-Türklopfer auf der linken Portaltür achten. Er beißt nicht und ist schon ganz alt.

Du kannst ihn anfassen.

Der Löwenkopf wurde im Mittelalter (1340) erschaffen und gilt als das älteste noch erhaltene Kunstwerk Hamburgs. Seine Nase ist schon ganz blank, weil viele Leute ihn berühren. Der Kopf auf der rechten Türseite ist eine Nachbildung. Die beiden Löwen sind sich ähnlich, aber sie sind nicht gleich.

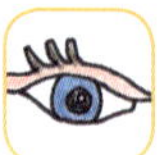

Vergleiche beide Köpfe und finde die Unterschiede heraus.

. . . .

. . . .

In der Kirche findest du auf der rechten Seite ein altes Kirchen**modell** von 1843, das die Petrikirche zeigt, bevor sie abbrannte. Betrachte diese Nachbildung genau, denn es gibt einen wesentlichen Unterschied zu heute. Finde ihn heraus.

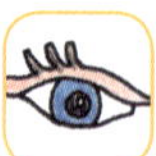

Was ist anders als früher?

. . . .

Am zweiten Pfeiler auf der rechten Kirchenseite hängt das Bild „Weihnachten 1813 in St. Petri". Es erinnert an ein Ereignis am Heiligen Abend im Jahr 1813. Hamburg wurde von den Truppen Napoleons belagert. Sie benutzten die Kirche nicht zum Beten, sondern als Pferdestall und Sammelstelle. Die französischen Soldaten trieben nämlich alle armen Hamburger Bürgerinnen und Bürger, die keinen Vorrat an Lebensmitteln für ein halbes Jahr vorweisen konnten, zunächst in die Petrikirche. In der bitterkalten Nacht wurden sie dann aus der Stadt vertrieben. Viele erfroren auf dem Weg nach Altona. Im Vordergrund siehst du einen kleinen Jungen, der sich die Augen reibt. Vielleicht weint er, weil er aus dem Schlaf gerissen wurde. Dahinter fällt gerade eine Frau in Ohnmacht und wird aufgefangen. Vielleicht ist sie schwach, weil sie Hunger hat, oder sie hat große Angst vor den Soldaten.

Was fällt dir zu diesem Bild ein?
Erzähl es deinen Begleitern.

Der Erzbischof Ansgar, der auch Apostel des Nordens genannt wird, ist gleich zweimal in der Kirche vertreten: Die Holzstatue (um 1480) an der rechten Seite des Altarraums zeigt ihn mit einem Modell des Hamburger Mariendoms, der 1804 abgerissen wurde. Der heilige Ansgar war der erste Bischof von Hamburg. Er gründete das Bistum Hamburg im 9. Jahrhundert. Auf dem Gemälde am ersten Pfeiler auf der linken Seite ist er auch mit dem Dom zu sehen.

Wie viele Jahre liegen zwischen der Erschaffung beider Kunstwerke?

. . . .

Die Petrikirche wirkt allgemein eher kühl und dunkel, aber auf der linken Kirchenseite gibt es eine kleine, warme Licht**oase**. Maria mit dem Kind auf dem Arm steht in einem Halbkreis aus Sand. Maria trägt als Himmelskönigin eine Krone. Das Gold ihrer Haare und der Krone leuchtet besonders schön, wenn viele Besucher ein Lichtlein anzünden und in den Sand stellen.

Bevor wir das Gotteshaus wieder verlassen, wollen wir uns Hamburg von oben ansehen. Die Petrikirche hat den ältesten Turm in Hamburg. Er ist 133 Meter hoch. Eine kleine Fitnessübung zwischendurch? Es gibt keinen Fahrstuhl und du musst 544 Stufen steigen, um den prächtigen Ausblick genießen zu können.

☞ *Tipp: Bei Wackelpudding in den Beinen: Schon nach 330 Stufen hat man durch die Bullaugenfenster des Turms einen schönen Rundblick auf die Stadt.*

Ein Schiff auf dem Dach

An der Mönckebergstraße direkt neben der Petrikirche steht das Hulbe-Haus, das dir bestimmt gleich ins Auge fällt. Es ist so ganz anders als die Kaufhäuser in dieser Einkaufsstraße. Herr Hulbe ließ im Jahre 1910 ein Kunstgewerbehaus bauen, das sich von den damals modernen Bürohäusern unterscheiden sollte. Klein, aber fein ist das Haus mit dem wunderschönen Turm und den vielen aufsteigenden Fensterreihen, hinter denen man ein Burgfräulein vermuten könnte. Auf dem Dach segelt eine goldene **Kogge**. Sie ist das Wahrzeichen der norddeutschen Küstenstädte.

Zeichne die Kogge auf das Dach.

Wenn du um das Haus herumgehst, dann findest du vier runde Medaillons auf dem Mauerwerk, die wie Rückseiten von alten Münzen aussehen. Auf einem ist der heilige Georg dargestellt, der mit einem Drachen kämpft, und ein anderes zeigt den heiligen Martin, der sein Gewand mit einem Bettler teilt.

Was hat der Bettler verloren?

. . . .

Hamburgs Urgestein

Wir kommen nun zu Hamburgs Urzelle. Es ist nicht viel, was aus der frühen Hamburger Zeit übrig geblieben ist. Bei Ausgrabungen sind die Reste eines Rundturms entdeckt worden, den Erzbischof Bezelin sich im 11. Jahrhundert bauen ließ. Deshalb wird er auch Bischofsturm genannt. Der Turm war wohl das erste steinerne Wohnhaus in Hamburg und stand in der Nähe der Hammaburg. Wir wollen uns das alte Gemäuer nicht entgehen lassen und steigen in den Keller des St.-Petri-Gemeindezentrums. Es ist an der Ecke Kreuslerstraße/ Speersort zu finden.

Man könnte meinen, dass der Name Hamburg sich von den leckeren Hamburgern ableitet, die du bestimmt schon einmal gegessen hast. Das ist aber nicht so. Hamburg kommt von Hammaburg. *(Siehe dazu Seite 11.)*

Im Kellerraum des Gemeindezentrums kannst du zwei große Kirchenglocken selbst zum Klingen bringen (Klöppel hängen an den Seiten) und etwas über die Herstellung von Kirchenglocken erfahren.

Koteletts und Würste

Wir gehen zurück zur Mönckebergstraße. Ein paar Schritte vom Rathausplatz entfernt in der Mönckebergstraße Nr. 29 gibt es einen schönen, großen Torbogen. Das ist keine Hauseinfahrt, sondern hier zweigt eine kleine Seitengasse ab: die Knochenhauertwiete. An dieser Stelle wurde das Versmann-Haus einfach über die Straße gebaut. (Herr Versmann war Bürgermeister von 1887 bis 1896.) Das ist ganz praktisch, weil man damit mehr Wohnraum zur Verfügung hat. In der Knochenhauertwiete haben – wie der Name sagt – früher die Metzger oder Schlachter gearbeitet. Das kann man heute noch am Hausschmuck erkennen. Schau dir den Torbogen genauer an. Dort ist dargestellt, welche Tiere zum Schlachten gebracht wurden.

Welche Tiere hast du entdeckt? . . . .

Ich sehe was, was du (noch) nicht siehst. Wir gehen ein Stück weiter, bleiben stehen und lenken unseren Blick nach links zur Johannisstraße, hinauf zum Dachgiebel der Hanseatischen Wertpapierbörse. Von dort aus hat ein kleiner Junge einen guten Überblick. Hast du ihn entdeckt? Er ist halb Mensch und halb Fisch, denn seine Beine bestehen aus Fischschuppen.

Was hält der Junge in seinen Händen?

. . . .

Jetzt kommen wir zum prächtigen Rathaus. (1) Heute gehen wir nicht hinein, sondern schauen uns den Rathausmarkt näher an. Bist du schon einmal darüber geschlendert? Ist dir aufgefallen, dass die beiden hohen Fahnenmasten ein goldenes Segelschiff auf ihrer Spitze tragen?

Erinnern und Gedenken

Auf dem Rathausmarkt gibt es aber noch mehr zu entdecken. An der Seite zur Mönckebergstraße steht das Heinrich-Heine-Denkmal. Heinrich Heine (1797–1856) war ein bedeutender Dichter, der eine Zeit lang in Hamburg gelebt hat. Sein Onkel war ein reicher und angesehener Hamburger, der ein Bankhaus gründete.

Was möchte der Dichter auf seinem Sarg haben?

. . . .

☞ *Tipp: Lies den Text auf dem Sockel.*

Vor dem Rathaus ist links neben dem Eingang eine Gedenkplatte in den Boden eingelassen. Sie erinnert an den Komponisten Georg Philipp Telemann (1681–1767) und an das Kloster St. Johannis, in dem er als Kantor tätig war. Das Kloster hat früher hier gestanden.

Wo ist Telemann geboren? . . . .

☞ *Tipp: Der Stern * weist auf sein Geburtsdatum hin und das Kreuz † sagt dir, wann er gestorben ist.*

Rechts neben dem Eingang siehst du eine Steinbank. Stell dich davor, zähl sechs Schritte ab und dann: Hoppla! Fast wärst du über den 1000. Stolperstein gefallen, der vor deinen Füßen liegt. Die kleinen blinkenden Messingplatten wurden schon in vielen deutschen Städten verlegt. Die Gedenksteine erzählen von den Menschen, die hier gelebt haben, bevor sie von den **Nationalsozialisten** aus ihren Häusern und Wohnungen vertrieben und ermordet wurden. Auf den Stolpersteinen stehen ihre Namen und die Orte, wo sie sterben mussten.

An wen erinnert der 1000. Stolperstein?

. . . .

Gleich neben dem Rathaus im Alten Wall, im Haus der ehemaligen Reichsbank, gibt es einen Seiteneingang. Schau dir die beiden Säulen rechts und links des Eingangs an. Sie sind mit Tierkreiszeichen geschmückt.

Hast du dein Tierkreiszeichen schon entdeckt? Mal es auf.

Ich bin . . . .

Ganz in der Nähe kannst du die Innenstadt mit den Händen ertasten. Das bronzene Stadtrelief für blinde und sehende Bürger gibt dir die Möglichkeit, Hamburg auf eine andere Art und Weise wahrzunehmen.

Schließe die Augen, versuche das Rathaus zu finden und ertaste die Blindenschrift.

Auf der anderen Seite des Rathausmarktes, zum Wasser hin, steht ein hoher Gedenkstein. Er erinnert an die vielen toten Soldaten beider Weltkriege. Du kannst dir sicher vorstellen, dass die Familien in Hamburg sehr traurig waren, als sie vom Tod des Vaters, Ehemannes oder Bruders erfuhren. Dies hat der Künstler Ernst Barlach mit einer „Trauernden Mutter mit Kind" dargestellt, die du auf der Rückseite des Denkmals sehen kannst.

Wie in Italien

Kennst du die italienische Stadt Venedig? Wenn nicht, dann kannst du hier in der Umgebung des Rathausmarktes einen kleinen Eindruck davon bekommen. Der Architekt Alexis de Chateauneuf hat die Alsterarkaden nach venezianischem Vorbild erbaut. So nennt man die weiße Häuserreihe mit dem schönen Bogengang, schräg gegenüber vom Rathaus. Wir werden sie uns später näher ansehen.

Vom Rathausmarkt gegenüber den **Arkaden** führt eine Treppe im Viertelkreisbogen zur Kleinen Alster. Hier war vor dem großen Brand von 1842 ein See. Danach wurde das Gelände neu gestaltet. Die Kleine Alster ist mit der Binnenalster und dem Alsterfleet verbunden. Theoretisch kann man mit einem Boot von der Alster in die Elbe und dann weiter in die Nordsee fahren. Dazu muss ein Boot aber die Schleuse passieren. Wenn du Glück hast, dann kannst du diesen Vorgang auf der Schleusenbrücke beobachten. Die Rathausschleuse hat drei Kammern, in denen das Wasser gestaut wird.

Wie wäre es mit einer kleinen Pause? Ruh dich auf den Treppenstufen aus und beobachte die vielen Schwäne, die sich oft auf der Kleinen Alster versammeln. Es sind ganz besondere Schwäne. Sie stehen schon seit 1664 unter dem Schutz der Ratsherren. So war es bei Strafe verboten, die Vögel zu beleidigen, zu verletzen oder gar zu töten. Damit es den Schwänen auch im Winter gut geht, werden sie jedes Jahr im November von ihrem Betreuer, dem „Schwanenvater“, eingefangen und mit Booten zum Eppendorfer Mühlenteich gebracht. Dort bleiben sie bis Ende März. Im Winterquartier friert das Eis nicht zu. Außerdem erhalten sie Futter und kranke Tiere werden gesund gepflegt.

Nun geht's weiter. Schon von der Schleusenbrücke kannst du in der Poststraße ein weiteres venezianisch aussehendes Gebäude des Architekten Chateauneuf erkennen. Als frischgebackenem Experten dieses Baustils fällt dir bestimmt gleich das Besondere daran auf. Die Alte Post an der Ecke Große Bleichen hat einen Turm. Bis 1848 gab es einen optischen Zeigertelegraphen auf der Turmspitze. Damit konnte man Nachrichten übermitteln, denn er hatte bis zur Elbmündung nach Cuxhaven eine Sichtverbindung zu einer Kette von weiteren Zeigertelegraphen. Im Museum für Kommunikation *(siehe Seite 152)* kannst du erfahren, wie ein Zeigertelegraph Zeichen und Botschaften übermittelt.

Bevor wir uns die Alte Post näher ansehen, spazieren wir durch die Alsterarkaden und schauen uns die alten Laternen und das schmucke Geländer mit den goldenen Fischen und den Dreizacken an. Auf der Mitte des Bogengangs biegst du nun in Hamburgs älteste und kleinste Ladenpassage ein: die Mellin-Passage. Am Ende zum Neuen Wall die Augen bitte nach oben richten, denn du kannst herrliche Decken- und Glasmalereien in schönen Pastelltönen im **Jugendstil** bewundern. Dort ist auch nachzulesen, was Herr Mellin verkaufte.

Briefmarken gab es in Hamburg erst ab 1859. Davor mussten die Empfänger die Postgebühren bezahlen. Die Kosten der Sendungen waren je nach Gewicht und Entfernung zum Absender unterschiedlich hoch.

Was gab es in der Mellin-Passage früher zu kaufen?

. . . .

Wir verlassen die Passage nach links und gehen an der nächsten Ecke nach rechts in die Poststraße zur Alten Post. Die Wappen über den Eingangsportalen des Backsteinbaus zeigen, dass hier bis 1868 die Hamburgische Stadtpost, die fürstliche Thurn- und Taxis'sche, die Königliche Hannoversche und die Königliche Schwedische Post ihre Diensträume hatten. Danach wurde sie als Verwaltungsgebäude genutzt und seit 1971 kann man dort in die Schaufenster von eleganten Geschäften schauen. Ein Portrait von Chateauneuf findest du an der linken Stirnseite des inneren Gangs.

Federvieh und Federkiel

Wir gehen weiter in Richtung Gänsemarkt. In seiner Umgebung gibt es zwar viele Geschäfte und Einkaufspassagen, aber der Platz selbst war nie ein Marktplatz. Man sagt, dass dort im 17. Jahrhundert täglich die Gänse gesammelt wurden, um sie aus der Stadt zu treiben. Sie spazierten dann durch das Dammtor auf die nahe gelegenen Futterweiden. Heute treffen wir auf dem Gänsemarkt keine Gänse mehr, sondern Herrn Lessing, der in Bronze stolz auf einem Sockel sitzt.

Gotthold Ephraim Lessing (1729–1781) war ein berühmter Dichter und Schriftsteller, der in Hamburg gelebt und gearbeitet hat. Er hat auch Theaterstücke geschrieben, die am Deutschen Nationaltheater aufgeführt wurden. Lessing schaut in die Richtung, wo das Theater früher gestanden hat.

Was hält Lessing in seiner linken Hand?

. . . .

Heute sind dort Geschäfte und eine Bäckerei. Schon seit 1650 werden am Gänsemarkt Backwaren verkauft. Hast du das Haus gefunden? Die Steinverzierungen auf der Fassade in Höhe des ersten Stocks weisen darauf hin.

Hier ist Platz, um das leckere Gebäck zu zeichnen, das auf der Fassade zu sehen ist.

Euros und Bananen

Ist dir schon die trutzige Burg mit dem Rundturm und den zwei schönen Laternen an der Ecke Valentinskamp aufgefallen? Das ist die Finanzbehörde. Dort werden Steuergelder und Zölle verwaltet. Die Hamburger sind geschäftstüchtige Leute. Deshalb befinden sich in der Behörde nicht nur Büroräume und Schalterhallen, sondern auch Geschäfte. Der rotbraune Klinkerbau des Architekten Fritz Schumacher wurde 1926 fertiggestellt. Er gleicht den **Kontorhäusern**, die wir im 8. Rundgang kennenlernen werden. Der schöne Keramikschmuck an der Fassade über den Eingängen stammt von Richard Kuöhl: stolze Wikingerschiffe mit aufgeblähten Segeln, eine mittelalterliche Stadtansicht mit Stadttor und dem alten Namen des Gebäudes (Finanzdeputation).

Ganz oben thronen ein Fischer und eine Frau. Sie stützen sich auf das Hamburger Wappen. Du gehst um das Gebäude rechts herum in den Valentinskamp und dann links in die Neue ABC-Straße. Über dem Seiteneingang sitzt der kleine Merkur auf den Schultern eines Fabelwesens: halb Mensch, halb Schlange. Du erkennst ihn am Hut mit den kleinen Flügeln. Er ist der Gott der Kaufleute und Diebe und verspricht Reichtum und Gewinn. Ganz versunken betrachtet er die Schale in seiner Hand.

Wir gehen zurück zum Haupteingang und betreten das Gebäude. „Was soll ich denn da?" wirst du fragen. Wir sehen uns den Bananensaal an. Neugierig geworden? Dann nichts wie rein.

Achte vorher noch auf die Türklinke, denn ein Löwenpaar sichert das schwere Portal. Wir gehen die Treppe hinauf durch die Drehtür.

An der Pförtnerloge leuchtet eine große Messingglocke. Vielleicht darfst du sie einmal läuten.

Am Ende des rechten Gangs kommen wir nun zur Ehrenhalle, die auch Bananensaal genannt wird. Falls er verschlossen ist, kannst du ihn durch die Glastür bewundern. Es ist ein sehr schöner Raum mit viel Keramikschmuck. Die Säulen dort sehen aus wie Bananenstauden, aber leider wachsen daran keine Bananen. Ist der Raum nicht wunderschön?

Wie viele Säulen stehen dort? . . . .

Bevor wir das Gebäude wieder verlassen, kannst du dir noch einen alten **Paternoster** ansehen. Du findest einen auf der rechten und einen auf der linken Seite des Rundgangs. Benutzen darfst du ihn aber nur in Begleitung von Erwachsenen.

Wir gehen nun auf der rechten Seite der Dammtorstraße in Richtung Stephansplatz und kommen an der Hamburger Staatsoper vorbei. Früher stand hier das Stadttheater.

Ein Haus weiter ziert ein goldenes Federtier die Hauswand.

Welchen Vogel kannst du erkennen? . . . .

Klingelingeling, die Post ist da

Wir passieren schnell die ehemalige Hamburger Oberschulbehörde (Hausaufgaben schon gemacht?) und schlendern weiter in Richtung Stephansplatz. An der Ecke der anderen Straßenseite fällt uns das imposante Gebäude der ehemaligen Oberpostdirektion auf. 1887 wurde sie feierlich eröffnet. Heute ist es kein Postamt mehr, aber auf der Kuppel des Eckturms eilt noch immer der goldene Bote der Götter voraus. Du hast ihn bereits kennengelernt, es ist Merkur. Dieses Mal als nackter Jüngling. Der römische Gott, der von den Griechen Hermes genannt wird, ist nämlich auch für die

Übermittlung von Nachrichten zuständig. Um seine Aufgaben so schnell wie möglich zu erledigen, trägt er einen geflügelten Helm und geflügelte Sandalen, die ihn in Windeseile überall hintragen. Er hat ein Posthorn umgehängt und in seiner rechten Hand befindet sich der geflügelte Heroldsstab mit den zwei Schlangen. In seiner Linken hält er ein kleines Säckchen.

Was könnte das Säckchen deiner Meinung nach enthalten?

. . . .

In diesem Gebäude ist das Museum für Kommunikation, das ehemalige Postmuseum, zu Hause. Wir schließen unseren Rundgang mit einem Besuch im Museum ab. Es erwartet dich eine spannende Reise durch die Geschichte des Post- und Fernmeldewesens. *(Eingang um die Ecke im Gorch-Fock-Wall.)*

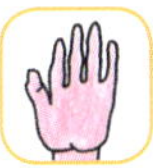

Außerdem hast du im Museum die Möglichkeit, an einem Automaten eine Flaschenpost zu ziehen.  *Nur noch beschriften und dann ab in die Elbe damit. Vielleicht treibt die Flut deine Botschaft hinaus ins Meer und du erhältst irgendwann Post aus einem fernen Land.*

Jede Menge Wasser

Dir ist bestimmt schon aufgefallen, dass Hamburg eine Stadt mit sehr viel Wasser ist. Es gibt die Elbe mit ihren Seitenarmen, die Alster mit Binnen- und Außenalster, Hafenbecken, viele **Fleete** und Kanäle und auch noch kleine Flüsschen wie die Wandse oder die Tarpenbek. Kein Wunder also, dass Hamburg die meisten Brücken in Europa hat. Deshalb wird Hamburg auch oft „Venedig des Nordens" genannt. Man glaubt es kaum: Insgesamt 2485 Brücken und Stege sorgen dafür, dass du keine nassen Füße bekommst. Die italienische Stadt Venedig hat nur 446 Brücken. Fairerweise muss man aber auch sagen, dass Hamburg etwa 100-mal größer ist als Venedig. Die Alster entspringt bei Henstedt-Ulzburg in Schleswig-Holstein und mündet nach 55 km in Hamburg in die Elbe. Im Mittelalter (etwa 1195) kamen die Bewohner Hamburgs auf die Idee, einen Damm an der Alster aufzuschütten, damit sie an einer schmalen Stelle des Flusses mit dem Druck des aufgestauten Wassers eine Getreidemühle betreiben konnten. Als sie einige Jahrzehnte später einen zweiten Damm bauten, wurde das umliegende Gebiet überflutet und der Alstersee mit Binnen- und Außenalster entstand. Im **Zweiten Weltkrieg** spielte die Binnenalster eine besondere Rolle. Sie wurde mit Tarnnetzen und Holzplanken überzogen, auf denen Straßen und Gebäude dargestellt waren. Auf der Außenalster wurde eine **Attrappe** der Lombardsbrücke errichtet. Die feindlichen Bomber sollten dadurch die Orientierung verlieren. Diese Idee war jedoch nicht erfolgreich, denn die Engländer durchschauten das Täuschungsmanöver. Heute kannst du mit einem Alsterdampfer über die Alster und durch die Kanäle und Fleete fahren. Oder du paddelst selbst über das Wasser, denn es gibt eine Reihe von Bootsverleihen. Im Winter friert die Alster manchmal zu. Wenn die Eisschicht dick genug ist, beginnt das Alstereisvergnügen. Viele Buden stehen dort, wo sonst das Wasser fließt, und du kannst dich im Schlittschuhlaufen üben.

3. Rundgang

Feuersbrunst und Piratenschatz

Von der Deichstraße zur Katharinenkirche

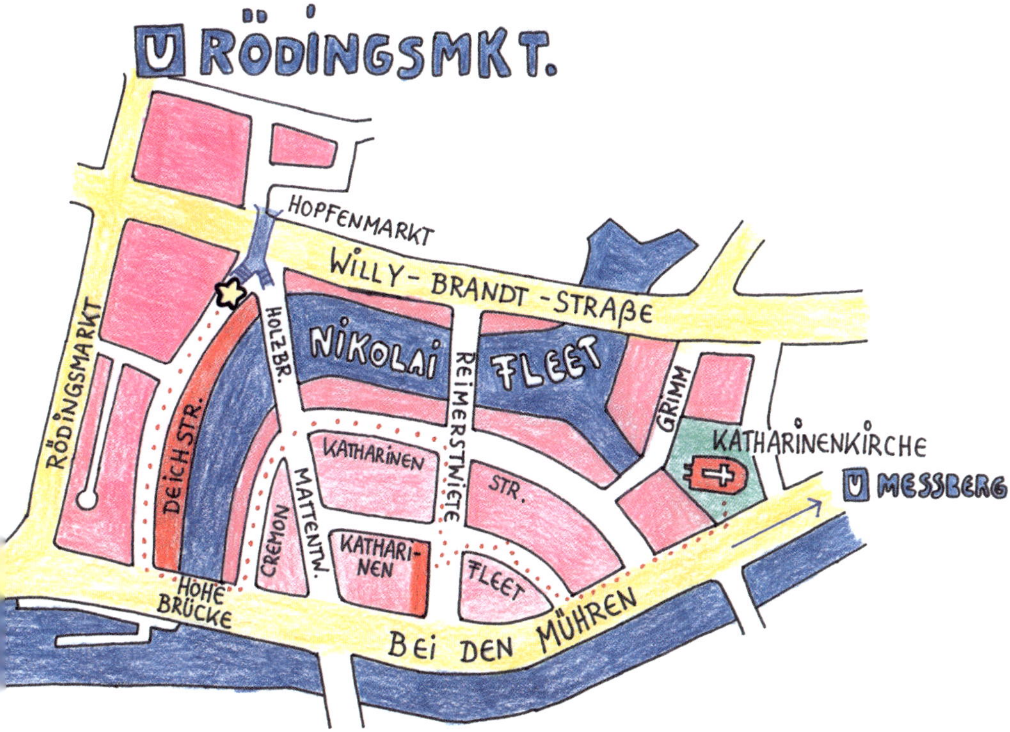

Startpunkt:
Deichstraße, Ecke Willy-Brandt-Straße, bei der blauen Stahlbrücke

U-Bahn:
U3 Rödingsmarkt

Alles unter einem Dach

Wenn eine Straße reden könnte, die Deichstraße hätte viel zu erzählen …

Die Deichstraße ist sehr alt. Schon 1304 wird sie in Urkunden erwähnt. Sie verläuft auf einem Deich, der aufgeschüttet wurde, um das Stadtgebiet zu vergrößern. Im Mittelalter lebten hier vor allem Bierbrauer, da sie durch die Nähe zum Wasser für die Herstellung und den Transport des Bieres gute Bedingungen vorfanden. Ab dem 17. Jahrhundert wohnten dann hauptsächlich Kaufleute in der Deichstraße.

Gleich am Anfang der Deichstraße findest du ein Kunstwerk des Bildhauers Georg Engst.

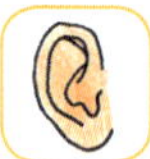

Man kann es sehr schön als Klanginstrument benutzen. Jede Röhre erzeugt einen anderen Ton.

An der nächsten Ecke erwartet dich ein moderner Brunnen desselben Bildhauers. Er ist technisch so gebaut, dass er als einziger der Welt auch bei minus 30 Grad nicht einfriert.

Nun kommst du in den alten Abschnitt der Deichstraße. Hier kannst du gut erkennen, wie die Hamburger vom 17. bis 19. Jahrhundert gebaut und gewohnt haben. In den alten Kaufmannshäusern befanden sich früher **Kontor**, Speicher und Wohnung unter einem Dach, so dass die Bewohner das Haus zum Arbeiten nicht zu verlassen brauchten. Die Häuser haben einen Zugang zur Straße und zum Wasser. So konnten die Kaufleute ihre Waren, die sie im Speicher lagerten, zu Wasser und zu Lande transportieren. Hinter den Häusern fließt das Nikolai**fleet**. Es ist aus dem ehemaligen Alsterlauf entstanden. Die schmalen Durchgänge, die zum Wasser führen, heißen Fleetgänge. Sie wurden geschaffen, damit auch die Bewohner auf der anderen Straßenseite einen Zugang zum Wasser haben.

Wenn du durch einen Fleetgang hindurchgehst, kannst du dir die Rückseiten der Häuser ansehen. Manche haben noch eine Seilwinde zum **Hieven** der Waren auf die Speicherböden. Die meis-

ten Häuser sehen auf der Fleetseite ganz anders aus als auf der Straßenseite. Sie haben an der Wasserseite noch das alte Fachwerk und wirken zum Teil schon etwas windschief. An der Straßenseite ist die Fassade oft durch schöne Giebel verziert. Die prunkvolle Vorderseite des Hauses sollte die Leute beeindrucken.

Einige Gebäude in dieser Straße wurden direkt nach dem Großen Brand von 1842 gebaut. Es sind zum Beispiel die Häuser mit den Nummern 19, 21 und 23. Sind dir die hübschen Laternen aufgefallen?

Was passierte 1842 im Haus Nr. 25? Lies deinen Begleitern den Text auf der Tafel laut vor.

Das Haus mit der Nummer 27 ist der älteste noch erhaltene Hamburger Speicher. Er wurde um 1780 gebaut und diente den Gemüsehändlern aus Bardowick als Lagerhaus. Bardowick liegt südöstlich von Hamburg.

Berühmt wurde die Deichstraße wegen einer Katastrophe: Im Mai 1842 brach im Haus eines Tabakhändlers ein Feuer aus. Da es im Frühjahr wenig geregnet hatte und in den Speichern leicht brennbare Waren gelagert wurden, standen in kurzer Zeit auch die umliegenden Häuser in Flammen. Das Feuer konnte nicht unter Kontrolle gebracht werden und breitete sich immer weiter aus. Der Feuerwehrmeister ließ das alte Rathaus sprengen, weil er hoffte, dadurch das Feuer aufhalten zu können. Aber die Stadt brannte weiter – vier Tage lang. Die Straße an der Alster, in der der Brand endlich gestoppt werden konnte, heißt Brandsende. Viele Häuser waren durch das Feuer zerstört und 20 000 Hamburger hatten keine Wohnung mehr.

An der Wand des Hauses Nr. 35 ist eine kleine Tafel angebracht. Sie stammt von dem Haus, das früher hier gestanden hat. Die Jahreszahl verrät dir, wie alt diese Tafel ist. Die Buchstaben AD stehen für Anno Domini. Das ist Latein und bedeutet: „Im Jahre des Herrn". Dies bezieht sich auf die Geburt von Jesus Christus. Das Haus wurde also im Jahre 1641 erbaut.

Welches Tier findest du an der Wand des Hauses Nr. 35? Hier ist Platz, es zu malen!

Im Haus Nr. 37 befindet sich eine große Diele, wie sie früher in den Bürgerhäusern üblich war. Sie geht über zwei Geschosse. Vielleicht steht die Tür offen und du kannst einen Blick hineinwerfen.

Im Haus Nr. 45 ist ein Kolonialwarenladen. Kaum zu glauben: So sah ein „Supermarkt" im 19. Jahrhundert aus.

Was sind Kolonialwaren?

Kolonialwaren sind Lebensmittel wie Reis, Zucker, Kaffee, Kakao, Tee, Gewürze und Südfrüchte. Sie kommen aus Ländern, die früher Kolonien waren. Als Kolonien bezeichnet man Gebiete, die von anderen Ländern abhängig waren und ausgebeutet wurden. Viele europäische Länder hatten Kolonien in Afrika, Asien und Mittelamerika. Das Deutsche Reich hatte zu Zeiten von Kaiser Wilhelm II. zum Beispiel Kolonien in Ost- und Südwestafrika.

Fleetenkieker und Kranwärter

Am Ende der Deichstraße biegst du nach links auf die Hohe Brücke. Hier steht das Haus der Seefahrt. Es hat eine reich verzierte Fassade. Die große Bronzefigur ist Hammonia, die Hamburger Stadtgöttin.

Welche Tiere kannst du erkennen?

. . . .

An der Fleetseite des Hauses ist eine Markierung angebracht, auf der du sehen kannst, wie hoch das Wasser bei der Flut 1962 stand. *(Mehr dazu auf Seite 13).*

Fleetenkieker? Nie gehört!

Fleetenkieker waren Männer, die vom Hamburger Rat angestellt wurden, um die Fahrwassertiefe im Hafen zu kontrollieren. Sie hatten auch die Aufgabe, die Fleete sauber zu halten. „Kieken" ist plattdeutsch und heißt „gucken".

Auf der anderen Straßenseite, am Binnenhafen, siehst du ein Haus, das wie eine kleine Burg aussieht. Es war früher das Wohn- und Dienstgebäude des Kranwärters. Dieser Mann war für den Kran zuständig, der ein Stück weiter links steht.

Seit dem Mittelalter hat es hier Kräne gegeben. Im 16. Jahrhundert wurde ein Tretradkran aus Holz gebaut. Acht Knechte setzten ihn durch ihre Körperkraft in Bewegung und hoben auf diese Weise die Lasten aus den Schiffen. Im 19. Jahrhundert fand man diesen Kran zu mittelalterlich und erfand einen modernen Handkurbelkran. Er wurde später elektrisch betrieben und bis in die 1970er Jahre benutzt.

Geld und Gold

Du biegst nach links in den Cremon ein. Dieser Straßenname ist schon seit dem Mittelalter bekannt. Vermutlich ist die Straße nach einem Bewohner benannt. Im Cremon Nr. 33–36 stehen Speicherhäuser aus dem 18. und 19. Jahrhundert. Du kannst sie an den Seilwinden und Luken erkennen. Früher haben an vielen Fleeten solche Speicher gestanden.

Am Haus Nr. 34 sitzt der Handelsgott Merkur zwischen den Waren. Er sollte dem Besitzer des Hauses reichen Gewinn bescheren.

Du gehst den Cremon entlang in die Katharinenstraße.

Welche Tiere schmücken die Tür von Haus Nr. 3?

. . . .

Sieh dir bitte die außergewöhnlichen Begrenzungssteine vor dem Haus Nr. 15 an.

Welcher gefällt dir am besten und was ist darauf abgebildet?

. . . .

Der **barocke** Kirchturm von St. Katharinen ist zum Greifen nah. Es wird erzählt, dass das Gold an der Spitze aus dem Schatz des Piraten Störtebeker stammt. Nachdem man Störtebeker gefangen hatte, wurde sein Schiff an einen Zimmermann verkauft. Als dieser die Säge ansetzte, um das Schiff zu zerlegen, fand er den Goldschatz im Hauptmast. Daraus wurde – so erzählt man – die Krone für den Turm der Katharinenkirche angefertigt. *(Mehr zu Störtebeker: 9)* Bevor wir in die Kirche gehen, machen wir noch einen Abstecher zur Reimerstwiete. Das ist die nächste Straße rechts. An der Ecke zur Straße „Katharinenfleet" gehst du die Stufen hinunter.

Fachwerkhäuser und Kopfsteinpflaster

In der Reimerstwiete stehen noch einige Wohn- und Speicherhäuser (Nr. 17–21), die zum Teil schon am Ende des 18. Jahrhunderts gebaut wurden. Bis ins 19. Jahrhundert hinein gab es in Hamburg sehr viele Fachwerkhäuser dieser Art. Auch hier sind Seilwinden an den Giebeln angebracht, mit denen Waren auf die Speicher gezogen wurden. In dieser Straße lebten und arbeiteten Handwerker und Bäcker. Am Kopfsteinpflaster kannst du erkennen, wie schmal diese Straße ursprünglich war.

Hast du den Spruch über dem Hauseingang Nr. 21 gelesen? „Kooplüd, Koggen und Janmooten sünd de richtigen Chaooten." Aber halt! Hier hat sich ein Fehlerteufel eingeschlichen. Was stimmt nicht?

Nun biegst du in das Katharinenfleet ein. Brauchst du eine kleine Pause? Die Treppe auf der linken Seite führt zu einem Spielplatz. Hier kannst du ein wenig verschnaufen. Wenn du das Katharinenfleet weitergehst, gelangst du auf die Straße mit dem Namen Bei den Mühren. Diese Straße ist nach der alten Stadtmauer benannt, die im Mittelalter hier verlief. Du gehst nach links, bis du die Katharinenkirche erreichst. Gegenüber der Kirche stehen die Backsteingebäude der Speicherstadt, über die du im 4. Rundgang mehr erfährst.

Die Katharinenkirche wurde in der Mitte des 13. Jahrhunderts für die **Marschinseln** Cremon und Grimm errichtet und im 14. und 15. Jahrhundert vergrößert. Damals lebten vor allem Bierbrauer, Schiffsbauer und später auch wohlhabende Kaufleute in dieser Gemeinde. Der schöne barocke Turm stammt aus der Mitte des 17. Jahrhunderts. Als die Reformation *(siehe Seite 62)* Hamburg erreichte, war die Katharinenkirche das erste Gotteshaus in Hamburg, in dem evangelisch gepredigt wurde. Mit dem Bau der Speicherstadt am Ende des 19. Jahrhunderts verlor die Gemeinde 20 000 Mitglieder. Die Menschen mussten ihre Wohnviertel in der Nähe der Kirche verlassen, da dort die großen Speicher errichtet wurden.

Prinzessin Katharina

Bevor du in die Kirche hineingehst, schau dir die moderne Bronzetür hinter der Glastür an. In der Mitte siehst du den gefesselten Jesus, der von einer Menschenmenge bedroht wird. Wütend ballen die Menschen ihre Fäuste. Rechts von Jesus stehen Soldaten. Auf der linken Seite weist Pilatus mit ausgestreckter Hand auf Jesus. Pilatus war der römische Statthalter, der Jesus zum Tode verurteilte.

Umfasse den Türgriff. Welche Form hat er?

Vielleicht erscheint dir die Kirche kahl und leer. Das liegt daran, dass durch die Bombenangriffe im **Zweiten Weltkrieg** vieles von der schönen Inneneinrichtung zerstört wurde. Dennoch kannst du in diesem Gotteshaus alte und neue Kunstwerke bestaunen. Auf einige möchten wir dich aufmerksam machen.

Die Kanzel ist aus Eiche geschnitzt. Dargestellt sind Geschichten aus dem Alten und Neuen Testament wie zum Beispiel die Schöpfung, die Arche Noah oder die Taufe Christi.

Als die Kirche nach dem Krieg wieder aufgebaut wurde, erhielt sie neue Fenster. Im Fenster gegenüber der Eingangstür ist die Weihnachtsgeschichte dargestellt. Maria hält ihr Kind Jesus im Schoß. Darunter sind die Hirten mit ihren Schafen abgebildet. Ein Engel hat ihnen die frohe Botschaft von der Geburt Jesu verkündet.

Ganz in der Nähe dieses schönen Fensters steht der kleine Leib-Christi-Altar. In der Mitte ist Jesus Christus dargestellt. Er hat eine tiefe Kopfwunde, die fast seinen ganzen Körper zerreißt. An den Händen kannst du die Wundmale sehen. Sie erinnern an die Kreuzigung. Im Hintergrund stehen die zwölf Jünger. Einer hat sich abgewandt. Ist es Judas, der Jesus verraten hat? Der Altar erinnert an die Leiden in der Welt. Gleichzeitig soll er uns auch sagen, dass Jesus die Menschen zu Versöhnung und Vergebung aufgefordert hat.

Außerdem gibt es in dieser Kirche alte Gedenktafeln für Verstorbene. An der Wand gegenüber der Eingangstür hängt eine Tafel, die der Bürgermeister Wetken 1566 für seine beiden früh verstorbenen Söhne anfertigen ließ. Die Eltern knien betend vor dem Kreuz. Darunter sind ihre beiden Söhne abgebildet. Sie sehen aus, als ob sie schliefen.

In der Turmhalle kannst du dir die älteste Glocke Hamburgs ganz aus der Nähe ansehen.

?

Aus welchem Jahr stammt die Glocke? Die Zahlen sind durcheinander geraten. Bringe sie in die richtige Reihenfolge.

4
4 1 . . . .
5

Auf deinem Rundgang durch die Kirche kommst du auch an der Skulptur der heiligen Katharina vorbei. Sie ist die **Schutzpatronin** und Namensgeberin dieser Kirche. Sie hält ein Rad in ihrer Hand. Diese Darstellung hängt mit der **Legende** zusammen, die über ihr Leben erzählt wird:

Die heilige Katharina war eine kluge, schöne Prinzessin aus Zypern und lebte etwa um 300 nach Christus. In dieser Zeit wurden die Christen wegen ihres Glaubens verfolgt. Katharina blieb trotzdem ihrem Glauben treu. Der römische Kaiser Maximinus ließ sie deswegen foltern und hinrichten. Man spannte sie auf ein Rad, das jedoch durch einen Blitz zerbrach. Der Kaiser befahl daraufhin, sie zu köpfen. Es wird erzählt, es sei Milch statt Blut aus ihrem Körper geflossen und Engel hätten sie auf die Spitze des Berges Sinai getragen. Diese Skulptur ist nicht die einzige Darstellung der Heiligen. Du findest sie außerdem an der Außenwand der Kirche und auf dem Kirchendach. Dort oben steht sie mit wehendem Haar. Die Katharinenkirche ist übrigens die einzige Hamburger Hauptkirche, die nach einer Frau benannt ist.

Hast du schon einmal eine Flutmarke in einer Kirche gesehen? Hier in der Katharinenkirche findest du die Markierung am ersten Pfeiler gegenüber der Bronzetür.

An welchem Tag stand das Wasser kniehoch in der Kirche?

. . . .

Bevor du die Kirche wieder verlässt, sieh dir noch die Rückseite der Bronzetür an. Dort sind Pelikane und ein Hahn abgebildet.

Ein Rätsel zum Abschluss: Hast du alles gefunden?
Dann fällt es dir leicht, die Zahlen zuzuordnen und die Himmelsrichtung des Leib-Christi-Altars zu bestimmen.

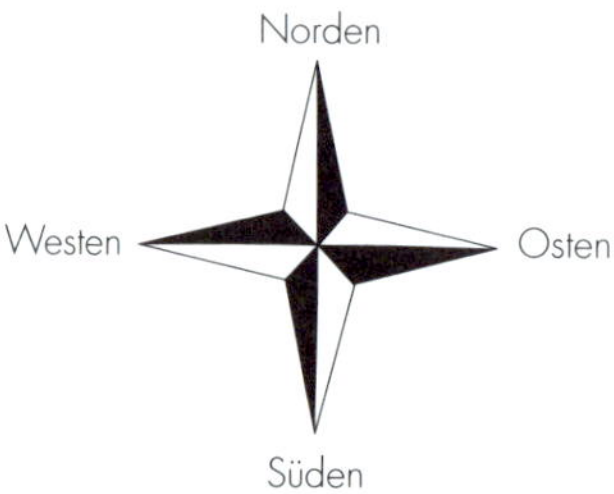

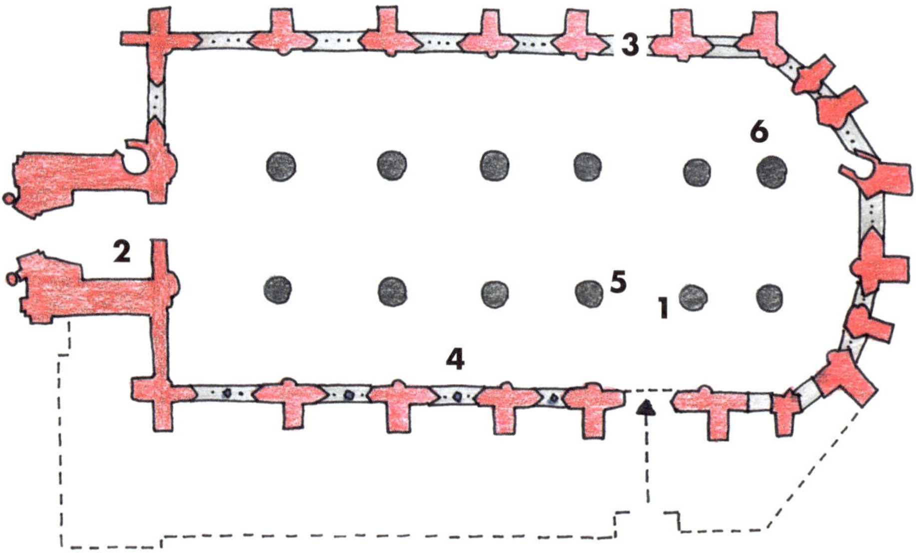

- ☐ Weihnachtsfenster
- ☐ Flutmarke
- ☐ Glocke
- ☐ Heilige Katharina
- ☐ Leib-Christi-Altar
- ☐ Kanzel

Hier ist Platz, um Fotos oder ein selbst gemaltes Bild vom Rundgang einzukleben.

Die Reformation

Bevor Hamburg 1529 protestantisch wurde, gab es nur einen christlichen Glauben, den katholischen. In jener Zeit wurde jedoch immer mehr Kritik an der Kirche und dem so wenig frommen Lebenswandel vieler Mönche, Nonnen und Priester geäußert. Auch der junge Mönch Martin Luther protestierte dagegen. Er schlug im Jahre 1517 seine 95 Thesen (Lehrsätze) an die Pforte der Wittenberger Schlosskirche an. Das ist der Beginn der Reformation, aus der sich die protestantische Kirche entwickelte. Reformation heißt Erneuerung oder Umgestaltung. Luther war zum Beispiel dagegen, dass sich die Gläubigen einen Platz im Himmel durch Geldzahlungen an die Kirche erkaufen konnten. Das war der so genannte Ablasshandel. Luther meinte, dass die Menschen allein durch den Glauben und durch Gottes Gnade gerettet werden können. Seine neuen Ideen verbreiteten sich schnell und erreichten auch Hamburg. Was war nun neu an der protestantischen Kirche? Zum Beispiel gab es keine Heiligenverehrung mehr und die Predigt wurde sehr wichtig. Außerdem hielt der Pastor den Gottesdienst in deutscher Sprache, so dass die Gläubigen die Gebete auch verstehen konnten. Zuvor waren die Messen in lateinischer Sprache. Die von Luther ins Deutsche übersetzte Bibel wurde ein „Bestseller".

4. Rundgang

Alte Speicher und Hamburger Pfeffersäcke

Ein Spaziergang durch die Speicherstadt

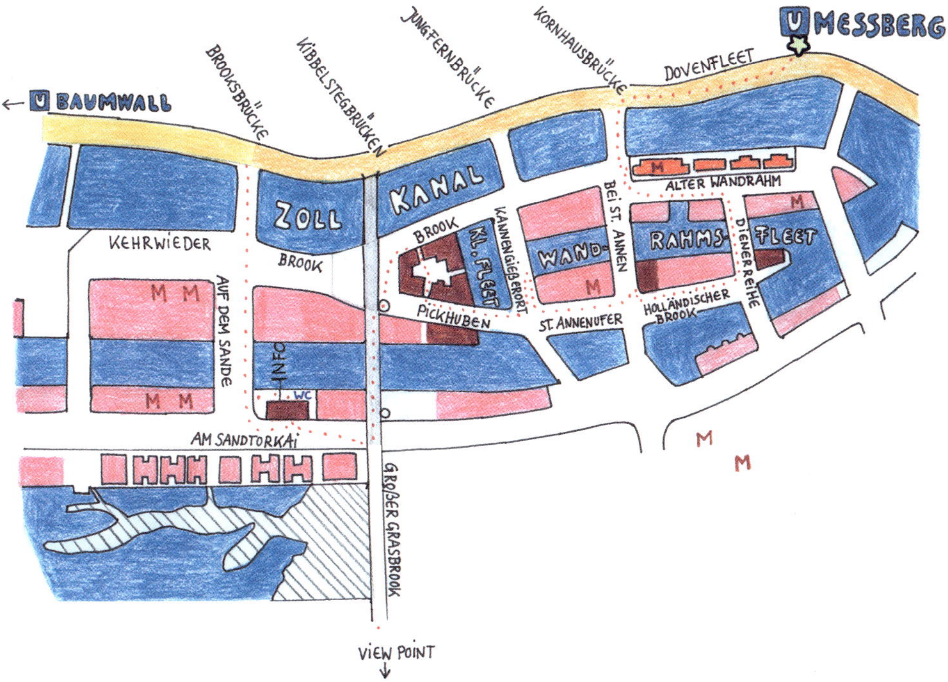

Startpunkt:
Dovenfleet am Zollkanal

U-Bahn:
U1 Messberg, Ausgang Deichtorhallen/Wandrahmsteg/Dovenfleet

Schätze aus aller Welt

Auf diesem Rundgang erlebst du das Hamburger Hafengebiet von seiner alten und neuen Seite. Du gehst am Dovenfleet entlang bis zur Kornhausbrücke. Von hier aus hast du einen schönen Blick auf die großen, alten Lagerhäuser der Speicherstadt.

Die Speicherstadt wurde in den Jahren 1885 bis 1927 errichtet. Sie steht wie auch das Rathaus auf Holzpfählen, die in den **Marsch**boden gerammt wurden. Merkmale der Speicherstadt sind roter Backstein und grüne Kupferdächer. Wenn du die Speicher auf dem Rundgang aufmerksam betrachtest, wirst du feststellen, dass jedes Gebäude ganz eigene Verzierungen, Giebel und Türmchen hat. Die Speicher haben bis zu acht Stockwerke, die Böden genannt werden. Tee, Kakao, Kaffee und Teppiche werden auf diesen Böden gelagert. Die Speicherstadt ist das größte Teppichlager der Welt. Die dicken Mauern der Gebäude

Kannst du dir vorstellen, dass für den Bau der Speicherstadt etwa 20 000 Menschen ihre Wohnungen verlassen mussten? Wie kam es dazu? Die Hamburger hatten seit dem Mittelalter das Recht, Waren zollfrei zu lagern und zu handeln. Das heißt, sie brauchten kein Geld für die Einfuhr zu bezahlen. Dadurch hatten die Hamburger Kaufleute große Vorteile gegenüber den Kaufleuten in anderen deutschen Städten. Im 19. Jahrhundert wollte Reichskanzler Bismarck dieses Sonderrecht abschaffen. Die Hamburger konnten jedoch erreichen, dass ein großer Bereich im Hafen zollfrei blieb. Das ist der so genannte „Freihafen". Innerhalb dieses begrenzten Gebietes können die Waren gelagert und weiterverarbeitet werden, ohne dass Zollgebühren bezahlt werden müssen. Um die Waren im Freihafen lagern und verarbeiten zu können, wurde die Speicherstadt im Kehrwieder- und Wandrahmviertel gebaut. Diese Viertel waren jedoch Wohngebiete. Hier lebten vor allem Arbeiter und Handwerker. Sie mussten für den Bau der Speicherstadt ihre Wohnungen und Häuser verlassen und sich ein neues Zuhause suchen.

schützen die Waren sowohl gegen Kälte als auch gegen Hitze und sorgen für gleichbleibende Temperaturen im Inneren.

Auf deinem Spaziergang kannst du sogar einige Teppiche bewundern und manchmal den gerösteten Kaffee riechen.

Entdecker und Verstecker

Die Kornhausbrücke ist nach dem Kornhaus benannt, das 1660 erbaut wurde. Die Hamburger hatten hier einen Vorrat an Getreide untergebracht, um bei einer feindlichen Belagerung der Stadt ausreichend versorgt zu sein. Das Kornhaus wurde 1871 abgerissen.
Zwei Männer kontrollieren den Brückenkopf zur Stadtseite hin. Es sind Christoph Columbus und Vasco da Gama, zwei bedeutende Seefahrer aus dem 15./16. Jahrhundert. Sie weisen darauf hin, dass Hamburg eine Welthafenstadt ist.

?

Wodurch wurde Christoph Columbus berühmt?

. . . .

Am anderen Ende der Brücke steht auf der linken Seite ein Zollhäuschen. Es erinnert daran, dass hier bis vor wenigen Jahren die Zollgrenze des Freihafens verlief. Zollbeamte kontrollierten früher die Personen, die von der Speicherstadt zurück in die Innenstadt wollten. Wenn Hafenarbeiter mit Schmuggelware erwischt wurden, verloren sie ihre Arbeit. Heute verläuft die Freihafengrenze in der Norderelbe.

Direkt am Zollkanal liegt das Deutsche Zollmuseum. Der Eintritt ist frei und du kannst dich hier über die Geschichte des Zolls informieren. Besonders spannend sind die vielen ausgestellten Schmuggelverstecke. Schmuggler sind wirklich erfinderisch!

Einer versteckte seine Ware in einem Elefanten aus Holz. Ein anderer versuchte in seinem umgebauten Skateboard Drogen über die niederländische Grenze zu schmuggeln. Außerdem kannst du dir das Zollschiff Oldenburg ansehen, das im Zollkanal liegt. Der Eintritt ist ebenfalls frei.

Tuchhändler und Schlossherren

Du biegst nun von der Kornhausbrücke nach links in den Alten Wandrahm. Schau nach oben, dort kannst du die Seilwinden sehen, mit denen die Waren auf die Böden gehievt werden. Wand ist das plattdeutsche Wort für Gewand. In dieser Straße arbeiteten früher die Tuchhändler. Sie behandelten die Stoffe mit Seife, Färbemitteln und Holzkämmen. Anschließend breiteten sie ihre Tücher auf Holzgestellen, den Wandrahmen, zum Trocknen aus.

Du gehst die nächste Straße nach rechts, sie heißt Dienerreihe. Schon bald kannst du auf der linken Seite zwischen den beiden **Fleeten** das Wasserschlösschen sehen. Hier lebten aber nicht Prinz und Prinzessin, sondern die Windenwächter, die für die Wartung und Reparatur der Winden zuständig waren. Nur ihnen war es erlaubt, in der Speicherstadt zu wohnen. Inzwischen dient das Haus als Schauplatz der Kinderserie „Die Pfefferkörner".

Du kannst das Wasserschlösschen zu Hause bunt ausmalen.

Schau dir die Fleetseite der Speicher an. Auch hier sind Luken und Windengiebel zu erkennen. Jedes Lagerhaus kann sowohl von der Wasserseite als auch von der Straßenseite beliefert werden.

Früher wurden die Waren von den Schiffen, die in der Elbe festgemacht hatten, auf flache Transportschiffe umgeladen, die man Schuten nennt. Die Schiffsführer hießen Ewerführer. Diese Männer hatten einen anstrengenden Beruf, denn sie bewegten die Schuten mit ihrer Muskelkraft durch die Fleete bis zu den Speichern. Mit Hilfe von langen hölzernen Stangen, den Peekstangen, stießen sie sich vom Grund der Fleete ab. Am Ende der Peekstange befand sich ein Metallhaken. Mit diesem Haken konnte der Ewerführer sich mit seiner Schute an die Speicher heranziehen. Dazu sind im Mauerwerk Metallstäbe angebracht, die wegen Ebbe und Flut auf unterschiedlichen Höhen befestigt sind. Dann wurden die Waren mit hydraulisch angetriebenen Winden auf die Lagerböden hochgezogen. Hydraulisch heißt, dass sie mit Hilfe von Wasserdruck angetrieben wurden. Heute werden die Winden elektrisch betrieben. Auf der Fleetseite der Speicher sind die meisten Winden entfernt, denn die Waren werden nur noch von der Straßenseite her angeliefert. Vor etwa 100 Jahren gab es noch 6000 Schuten. Inzwischen haben Container und Lastwagen ihre Aufgabe übernommen.

Der Rundgang führt dich nun durch den Holländischen Brook. Das ist die Straße zwischen den beiden Fleeten.

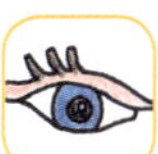

Auf den Firmenschildern der Speicher auf der linken Seite kannst du lesen, welche Waren hier gelagert werden. Welche sind es?

. . . .

Löwen und Consorten

Am Ende dieser Straße steht auf der rechten Seite ein eindrucksvolles Gebäude, das sich durch seine reich verzierte Fassade von den anderen Häusern unterscheidet. Es ist das Verwaltungsgebäude der Hamburger Hafen und Logistik Aktiengesellschaft, abgekürzt HHLA. Es wird als Rathaus der Speicherstadt bezeichnet, weil es mit dem Uhrturm, den **Arkaden** und den **Erkern** wie ein Rathaus aussieht. Menschen und Löwen schauen von der Fassade auf dich herab.

Bevor du weiter geradeaus in die Straße St. Annenufer gehst, wirfst du noch einen Blick auf die entstehende HafenCity zu deiner linken Seite und auf das große Backsteingebäude des Internationalen Maritimen Museums. Der Kaispeicher B, in dem sich das Museum befindet, ist das älteste erhaltene Lagerhaus der Speicherstadt. Auf 9 Decks kannst du dich über die Geschichte der Seefahrt informieren. 32 000 Schiffsmodelle warten auf deinen Besuch. *(Siehe „Adressen und mehr".)*
Folge nun der Straße St. Annenufer. Auf der rechten Seite befindet sich das Speicherstadtmuseum. Hier kannst du dich über den Beruf der Quartiersleute informieren.

Die Aufgabe der Quartiersleute war die Lagerung der Waren in den Speichern. Außerdem prüften sie deren Qualität oder verarbeiteten sie weiter. Zumeist schlossen sich vier Personen zu einer Quartiersmannsfirma zusammen. Einer gab seinen Namen und die anderen bildeten die „Consorten". Du kannst die Bezeichnung Consorten, abgekürzt Cons., noch heute auf einigen Firmenschildern lesen. Seit 1693 lässt sich dieser Beruf nachweisen. Das Berufsbild hat sich jedoch in den letzten Jahrzehnten stark verändert. Heute bezeichnet man die Personen, die die eingeführten Waren lagern und kontrollieren, als Seegüterkontrolleure.

Setzte jeweils den ersten Buchstaben der Bilder ein und du erhältst das Lösungswort.

Heilige Anna

Am Ende der Straße siehst du auf der linken Seite ein Gebäude, das durch seine runden Türmchen fast wie eine Burg aussieht. Es war das erste Verwaltungsgebäude der HHLA.

Erzähle deinen Begleitern, in welchem Turmzimmer du wohnen möchtest.

Bis 1869 stand hier die St.-Annen-Kapelle. Daran erinnert die Skulptur der heiligen Anna, die hoch oben am Gebäude angebracht ist. Anna ist die Mutter der Gottesmutter Maria. Meistens wird sie als ältere Frau dargestellt, die ihre Tochter Maria im Arm hält.

Wie nennst du die Mutter deiner Mutter?

. . . .

Windlöcher und Pechhauben

Nun gehst du nach rechts in den Kannengießerort. Auf der linken Seite steht der Sandthorquaihof. Oben im Giebel kannst du ein Wappen erkennen. Darüber befinden sich Windlöcher im Giebel, die bei Sturm den Winddruck verringern.

Wann wurde das Gebäude erbaut?
Hier eine knifflige Rechenaufgabe, die dir das Jahr verrät.

617 + 333 = ... + 750 = ... + 188 = ...

Nun gehst du ein kleines Stück zurück und überquerst rechts die Pickhubenbrücke. Es gibt zwei Erklärungen für diesen Straßennamen. Einige Leute meinen, Pickhuben bedeutet Pechhaufen. Pech wurde zum Bau der Schiffe benötigt. Die Pechvorräte wurden wegen der Brandgefahr außerhalb der Stadt gelagert. Andere Leute haben eine gruselige Erklärung: Vor der Hinrichtung wurde den Verurteilten der Kopf geschoren und mit Pech bestrichen. Das Wort Pickhuben meint dann Pechhauben.

Du gehst die Straße entlang, bis du rechts in den Innenhof des Gebäudes kommst. Dieser Block wurde als **Kontorhaus** errichtet. Im Innenhof siehst du jedoch auch Giebel mit Winden. Daran kannst du erkennen, dass es zwischen den Büroräumen auch Lagerräume gab. Bist du müde? Dort stehen Sitzbänke zum Ausruhen.

Nachdem du den Hof durchquert hast, biegst du links in die Straße mit dem Namen Brook ein. Brook bedeutet morastige, feuchte Wiese. Dort weideten früher die Kühe. Von hier aus hast du eine gute Sicht auf die Katharinenkirche, die auf der anderen Seite des Zollkanals steht. ③
Du spazierst den Brook entlang bis zu den Kibbelstegbrücken. Auf der linken Seite befindet sich eine Wendeltreppe. Oben angekommen, gehst du nach links. Der Blick auf das riesige Bauprojekt HafenCity stimmt dich auf den 9. Rundgang ein.
Wir gehen bei der nächsten Wendeltreppe auf der linken Seite hinunter und folgen der Straße Am Sandtorkai nach rechts. Der Sandtorkai ist die Grenze zwischen dem alten und dem neuen Hamburg. Auf der rechten

Hamburger Pfeffersäcke

Seit dem Mittelalter herrschte ein reger Handel mit exotischen Gewürzen, die allgemein als „Pfeffer“ bezeichnet wurden. Sie waren ein teurer Luxus, der mit Gold zu vergleichen war. Ein Sack Pfeffer war somit ein großer Reichtum. Geschäftstüchtige Hamburger Händler, deren Lagerhäuser mit diesen Kostbarkeiten gefüllt waren und die rücksichtslos nur nach Geld und Macht strebten, bezeichnet man auch heute noch abfällig als Pfeffersäcke.

Seite befinden sich die alten Speicher und auf der linken Seite siehst du die neuen Wohn- und Bürogebäude der HafenCity. Die nächste Straße biegst du nach rechts ein. Sie heißt Auf dem Sande. Dort steht das Kesselhaus.

Ein Haus macht Dampf

Im Kesselhaus wurde die Dampfenergie erzeugt, mit der die Winden für den Transport der Waren auf die Lagerböden angetrieben wurden. Ursprünglich hatte das Kesselhaus zwei hohe Schornsteine. Diese wurden im **Zweiten Weltkrieg** zerstört. Vor einigen Jahren wurden die Schornsteine zur Erinnerung durch Gitter aus Stahl kunstvoll nachgebildet.

Wann wurde das Kesselhaus gebaut? . . . .
☞ *Tipp: Du findest die Jahreszahl an der Hauswand.*

Heute befindet sich das Informationszentrum der HafenCity im Kesselhaus. Du kannst dir dort die Speicherstadt und die HafenCity im **Modell** ansehen. Dann bist du schon gut informiert für den 9. Rundgang. Es gibt auch eine Kamera, mit der du aus der Vogelperspektive die Umgebung betrachten kannst. Du darfst sie sogar selbst steuern. Außerdem hast du die Möglichkeit, im Café eine Limonade zu trinken.

Nun verlässt du die Speicherstadt zunächst über die Sandbrücke, dann über die Brooksbrücke. Am Anfang und am Ende der Brücke befinden sich jeweils zwei Skulpturen.

Wie heißen die beiden Damen?

. . . .

Kaiser Wilhelm II. setzte eine Gedenktafel in die Brücke ein. Sie erinnert an den Anschluss Hamburgs an das deutsche Zollgebiet. Hast du sie entdeckt?

Der Rundgang ist nun beendet. Ganz in der Nähe warten die größte Modelleisenbahn der Welt, das Hamburg Dungeon und verschiedene Museen auf deinen Besuch. *(Siehe „Adressen und mehr".)*

☞ *Tipp: Ein Bummel durch die Speicherstadt am Abend. Bei Dunkelheit wird die Speicherstadt beleuchtet und sieht wunderschön aus!*

? *Und zum Schluss noch ein Rätsel: Wie heißen die unten stehenden Wörter, die dir auf dem Rundgang begegnet sind? Die Buchstaben sind durcheinander geraten. Nur der erste ist schon an der richtigen Stelle.*

KFEEAF ______________________

FTLU ______________________

TIEPHCPE ______________________

QIELREUSUAETTER ______________________

STUCHE ______________________

EEBB ______________________

Was hast du heute Schönes erlebt? Schreib es auf.

Die Kaffeeverleserinnen: Die Guten ins Töpfchen, die Schlechten ins Kröpfchen

Vor einigen Jahrzehnten, als in der Speicherstadt noch überwiegend Kaffee, Kakao, Tee, Gewürze und Teppiche gelagert wurden, war die Arbeit dort mit harter körperlicher Anstrengung verbunden. Seilwinden hievten die schweren Säcke, Kisten oder Kartons von der Land- oder Wasserseite auf die Böden der Speicher. Quartiersleute wogen und zählten die Waren und prüften deren Qualität. Da vieles noch per Hand gestapelt wurde, wie beispielsweise schwere Kaffeesäcke, arbeiteten fast nur Männer in den Lagerhäusern.

Aber es gab auch Frauen, die in der Speicherstadt arbeiteten. Was war ihre Aufgabe?

Eine Tätigkeit, die Frauen ausüben durften, war die Kontrolle von Kaffeebohnen, die aus fernen Kontinenten wie Afrika, Asien und Südamerika per Schiff in die Hansestadt kamen. Der Rohkaffee wurde vor dem Rösten von verkümmerten Bohnen und groben Sandkörnern gereinigt. Das war die Aufgabe der Kaffeeverleserinnen. Diese Frauen saßen vor einer Maschine, aus der Kaffeebohnen herausrieselten. Wie in dem Märchen Aschenputtel sortierten sie – nach dem Motto „die Guten ins Töpfchen, die Schlechten ins Kröpfchen" – die verkümmerten oder zersplitterten Bohnen aus, damit nur die gute, heile Ware geröstet wurde. Auch Bohnen mit falscher Farbe und schlechtem Geruch, die sogenannten Stinkerbohnen, sonderten sie aus. In acht Stunden kontrollierte eine Kaffeeverleserin etwa 60 Kilogramm Kaffee per Hand. Diese Arbeit war sehr eintönig und zudem schlecht bezahlt. Abends waren die Kaffeeverleserinnen sicher genauso erschöpft wie die Speicherarbeiter und Quartiersleute. Und wovon haben diese Frauen nachts geträumt? Vermutlich von Kaffeebohnen. In den 1970er Jahren wurde ihre Arbeit von Maschinen übernommen.

5. Rundgang

Wo die Schiffe schaukeln und die Brücken schwimmen

Am Hafen entlang zum Alten Elbtunnel

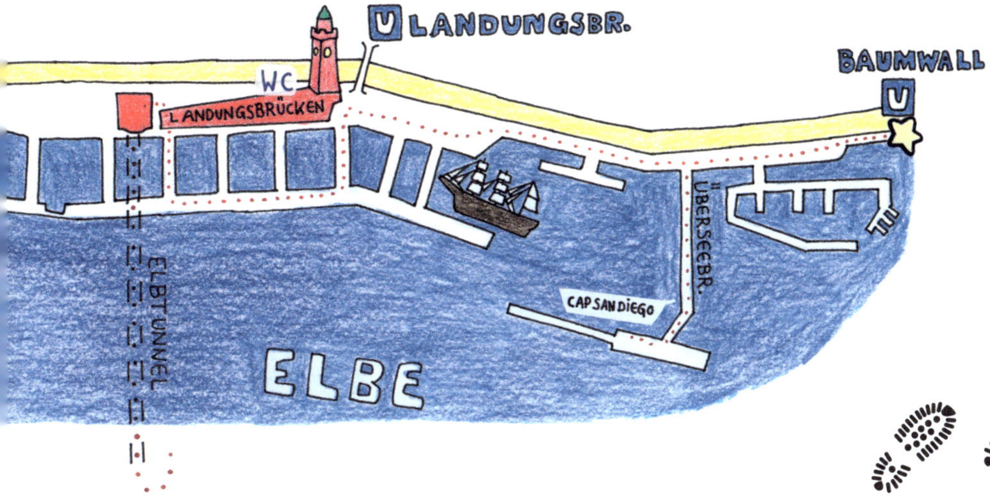

Startpunkt:
City- und Sportboothafen

U-Bahn:
U3 Baumwall

An Bord, kleine Matrosen!

Auf diesem Rundgang erwartet dich der Hamburger Hafen von seiner schönsten Seite. Direkt gegenüber der U-Bahn siehst du als Erstes den City- und Sportboothafen. **Barkassen**, **Schlepper**, Motor- und Segelboote schaukeln im Wasser.

An manchen Tagen hörst du das Tuten der Schiffe.

Auf der linken Seite liegt das Wassersportflugzeug, wenn es sich nicht gerade auf einem Rundflug über Hamburg befindet. Die Schaufelraddampfer, die hier festmachen, sind schön anzusehen, aber sie sind nicht typisch hanseatisch. Ihre ursprüngliche Heimat ist der Mississippi in den USA.

Wenn du in Richtung Landungsbrücken gehst, stößt du bald auf ein Schiff, das durch seine Farbe auffällt. Es ist das rote Feuerschiff, das bis 1989 als Leuchtturm an gefährlichen Stellen vor der englischen Küste eingesetzt wurde. Heute ist es ein Hotel und Restaurant.

Als Nächstes erreichst du die Überseebrücke. Sie führt dich zum Museumsschiff Cap San Diego. Hast du eine Vorstellung davon, wie riesig die Maschinen dieses Schiffes sind? Du kannst sie dir ansehen. Vom Maschinenraum bis zur Kapitänskajüte stehen fast alle Räume offen.

Wenn du dich für technische Daten interessierst:
Länge: 159 Meter
Dieselmotor: 11 650 PS (Pferdestärken)
Geschwindigkeit: 20 kn (Knoten)
Tragfähigkeit: 10 700 t (Tonnen) – das ist so viel, wie ein mittelgroßer LKW wiegt.

In der Seefahrt wird die Geschwindigkeit in Seemeilen oder in Knoten angegeben. Ein Knoten ist eine Seemeile pro Stunde. Das sind 1852 Meter, die ein Schiff in einer Stunde zurücklegt.

Welche Strecke legt die Cap San Diego in einer Stunde zurück? . . . .

1961 lief die Cap San Diego vom Stapel und fuhr unter Hamburger Flagge durch alle Weltmeere. Der Frachter war für seine Schnelligkeit und den großen Kühlraum bekannt. Von Europa nach Südamerika wurden zum Beispiel Arzneimittel, Stahl oder Maschinen transportiert und auf der Heimfahrt hatte die Cap San Diego Kaffee, Tee oder Gemüse an Bord. Nach 20 Jahren war die Cap San Diego jedoch veraltet. Containerschiffe hatten die Frachtschiffe abgelöst. Deswegen wurde das Schiff ins Ausland verkauft. Schließlich sollte es sogar verschrottet werden, aber der Hamburger Senat kaufte die Cap San Diego, um sie als Museumsschiff zu erhalten.

Der Schweizer Künstler Bernhard Luginbühl hat sich im Zusammenhang mit alten Schiffen etwas anderes ausgedacht. Er hat die gewaltige Ruderanlage eines Riesentankers mit anderen Eisenteilen zu einem Kunstwerk zusammengeschweißt. Das rostige Eisenmonument auf der rechten Seite der Ufermeile ist nicht zu übersehen.

Was verbirgt sich hinter den Zahlen?
Verbinde die Punkte von 1–29.

Auf diesem Rundgang liegt noch ein zweites Museumsschiff. Es ist die Rickmer Rickmers, ein wunderschönes Segelschiff. Auch dieses Schiff kannst du besichtigen.

Wie viele Masten hat die Rickmer Rickmers? . . . .

Hast du die schöne **Galionsfigur** gesehen? Meistens schmücken Frauenfiguren den Bug eines Schiffs. Bei der Rickmer Rickmers ist es jedoch ein kleiner Matrose.

Hier ein paar technische Daten zur Rickmer Rickmers:
Baujahr: 1896
Länge: 97 Meter
Breite: 12 Meter
Tragfähigkeit: 3000 t (Tonnen)
Segelfläche: 3500 m^2 (Quadratmeter) – mit den Segeln könnte man ein halbes Fußballfeld bedecken.

Um wie viele Meter ist die Cap San Diego länger als die Rickmer Rickmers?

. . . .

Was schätzt du, wie hoch die Masten sind?
☐ 30 m ☐ 50 m ☐ 60 m

Der prachtvolle Dreimaster wurde am Ende des 19. Jahrhunderts in Bremerhaven gebaut. Er diente einer Hamburger **Reederei** als Transportschiff für **Salpeter**. Nach dem **Ersten Weltkrieg** bildete die portugiesische Marine ihre Matrosen auf diesem Schiff aus. Dann sollte es verschrottet werden. Zum Glück rettete ein Verein das Schiff und holte es nach Hamburg. Seit 1983 liegt die Rickmer Rickmers wieder im Hafen.

Hamburger Seefahrer wurden früher häufig von Piraten überfallen und dann als Sklaven verkauft. Aus diesem Grund richtete man 1624 eine Sklavenkasse ein, in die die Seeleute je nach Rang einen Geldbetrag einzahlten. Außerdem wurde in den Kirchen für die Sklavenkasse gesammelt. Von diesem Geld konnten die versklavten Männer freigekauft werden.

Dem Zeichner sind Fehler unterlaufen. Finde sie heraus.

. . . .

Schon bald erreichst du das Empfangsgebäude der Landungsbrücken. Es ist 200 Meter lang und wurde vor etwa 100 Jahren errichtet. Es hat zwei Ecktürme und zwei Kuppeln. Auf der linken Seite schaut ein Eisbär auf dich herab.

Geh über die Brücke 3 zum Wasser. Ist dir schon aufgefallen, dass der Boden unter deinen Füßen schwankt? Das ist keine Sinnestäuschung, sondern die Brücken sind frei beweglich. Das muss so sein, weil sich im Hamburger Hafen der Wasserstand durch Ebbe (Niedrigwasser) und Flut (Hochwasser) verändert. Die Schiffe und Fähren legen an den Pontons an, die vor den Brücken liegen. Das sind schwimmende Anlegestellen.

Schließe deine Augen und versuche, das Wasser zu riechen.

Auf der anderen Seite der Elbe siehst du die Dockanlagen der **Werft** Blohm und Voss. Die Schiffe werden in den Docks aus dem Wasser herausgehoben und können dann repariert oder frisch gestrichen werden.

Vor etwa 170 Jahren wurden die ersten Landungsbrücken an der Stelle gebaut, wo sich heute der Alte Elbtunnel befindet. Damals entwickelte sich gerade die Dampfschifffahrt. Die Dampfschiffe fuhren schneller als die Segelschiffe und waren unabhängig vom Wind. Aber sie waren auch gefährlich für die im Hafen liegenden Segelschiffe, denn die Dampfer hatten Kohle an Bord und fuhren unter Feuer. Wegen der möglichen Brandgefahr wurden die Landungsbrücken ein Stück weit vom damaligen Hafen entfernt gebaut. Dort konnten die Menschen ein- und aussteigen und dort wurde auch die Kohle gelagert.

HAMBURG.
Doppelschrauben-Schnelldampfer „Augusta Victoria".

Die Elbe entspringt im Riesengebirge in Tschechien und mündet nach 1165 km (Kilometer) in die Nordsee. Von Hamburg bis zur Nordsee sind es noch 100 km. Lotsen begleiten die großen Containerschiffe auf ihrer Fahrt in den Hamburger Hafen und auch hinaus. Das ist notwendig, um schwere Unfälle zu vermeiden, denn Inseln und Sandbänke engen das Fahrwasser ein. Außerdem ist die Sicht oft wegen Nebel oder Dunkelheit sehr schlecht. Die Lotsen werden in ihrer Arbeit durch moderne Technik unterstützt.

Frag die Leute auf der Straße, ob sie wissen, wo die Elbe mündet.

Tief unter der Elbe

Der Rundweg führt dich rechts weiter über die Brücke 6 durch das Empfangsgebäude. Wenn du hinausgehst, siehst du auf der linken Seite einen schönen Kuppelbau. Es ist der Eingang zum Alten Elbtunnel.

Warum wurde der Elbtunnel gebaut? In diesem Text findest du die Antwort.
Leider sind die Leerzeichen verschwunden. Versuche den Text zu lesen und trenne die Wörter durch einen Strich.

VorhundertJahrenhabenvieleMenschenaufderInselStein
werderinWerftenundHafenbetriebengearbeitet.Daeszu
vielewaren,umalleperFähreüberdieElbezuihrenArbeits
plätzenzubringen,entschlossmansich,denElbtunnelzubauen.
SokonntensiezuFußzurArbeitgelangen.DerElbtunnelwurde
1911eröffnetundgaltalstechnischesWunderwerk.

Der Alte Elbtunnel ist ein besonderes Erlebnis, denn du kannst ihn zu Fuß oder per Rad durchqueren. Auch Autos dürfen hier fahren. Sie werden per Aufzug nach unten und oben transportiert. Auch du kannst mit einem Aufzug 24 Meter in die Tiefe fahren oder du benutzt die Treppe.
Unten erwarten dich zwei gekachelte Röhren. Sie sind sehr schmal. Die Fahrbahn misst nicht einmal zwei Meter. Das ist ganz schön eng und so mancher Autofahrer hat Mühe, heil auf die andere Seite zu kommen. Ist es

nicht aufregend? Du befindest dich unter der Elbe! Geh bis ans Ende des Tunnels. Es sind 426,5 Meter. Auf den Wandkacheln sind zum Beispiel Fische und Robben abgebildet.

Welche Tiere kannst du noch entdecken?

. . . .

Wenn du den Elbtunnel verlassen hast, gehst du nach links um das Gebäude herum und erreichst bald den Aussichtspunkt. Von der Insel Steinwerder hast du einen schönen Blick auf die Landungsbrücken, das Segelschiff Rickmer Rickmers, die Cap San Diego, den Michel, das Bismarckdenkmal ...

Nach dem Rückweg zu den Landungsbrücken hast du vielleicht Lust auf eine Hafenrundfahrt oder möchtest mit einer Fähre über die Elbe nach Finkenwerder fahren? Ganz in der Nähe liegt der Museumshafen Övelgönne. Die Fähre Nr. 62 bringt dich dorthin. *(Für die Fähren gilt das HVV-Ticket.)*

☞ *Tipp: Wer gerne früh aufsteht, der sollte sonntags die Marktschreier auf dem Fischmarkt nicht versäumen. (Siehe „Adressen und mehr".)*

Zum Abschluss des Rundgangs noch ein Rätsel. In dem Buchstabenkasten sind sieben Wörter versteckt, die alle etwas mit dem Hamburger Hafen zu tun haben. Versuche sie zu finden.

T	H	K	Ö	N	I	S	A	W	H	U	H	D	R	J	Q
E	O	H	K	R	A	M	E	R	I	K	A	E	R	C	D
I	E	T	R	F	J	L	L	N	L	D	F	Y	F	Ö	L
B	S	P	A	T	G	L	B	X	B	P	E	A	D	V	N
I	C	N	F	Ö	L	O	T	A	E	B	N	M	Ä	P	Ü
Z	U	R	T	E	Ö	S	U	Z	K	S	I	L	H	F	J
O	E	D	K	I	F	K	N	O	T	E	N	M	R	O	T
W	P	Ü	L	K	U	S	N	S	C	G	F	M	V	A	D
P	S	C	H	I	M	R	E	E	D	E	R	E	I	T	V
R	H	U	D	E	H	Y	L	K	L	L	C	X	O	P	Y

Wie kommt die Überseebrücke zu ihrem Namen?

Fünf Millionen Menschen aus ganz Europa sind zwischen 1830 und 1934 über den Hamburger Hafen nach Amerika ausgewandert. Sie hofften, in der Neuen Welt ein besseres Leben zu finden. In ihren Heimatländern hatten sie Hunger, Armut und Krieg erlebt. In Hamburg wurden die Auswanderer in privaten Herbergen und speziellen Aufnahmelagern untergebracht. Bevor die Reisenden die Schiffe betreten durften, wurden sie auf ansteckende Krankheiten untersucht, denn man hatte Angst vor einer **Epidemie**. Die Schiffspassage nach Übersee war teuer und dauerte bis zu sechs Wochen. Die **Reedereien** machten ein gutes Geschäft mit den Auswanderern. Der Reeder Albert Ballin meinte 1906 dazu: „Ohne die Auswanderer wäre ich in vier Wochen pleite."

6. Rundgang

Von Turmbläsern und Puppenstuben

Vom Bismarckdenkmal zum Michel

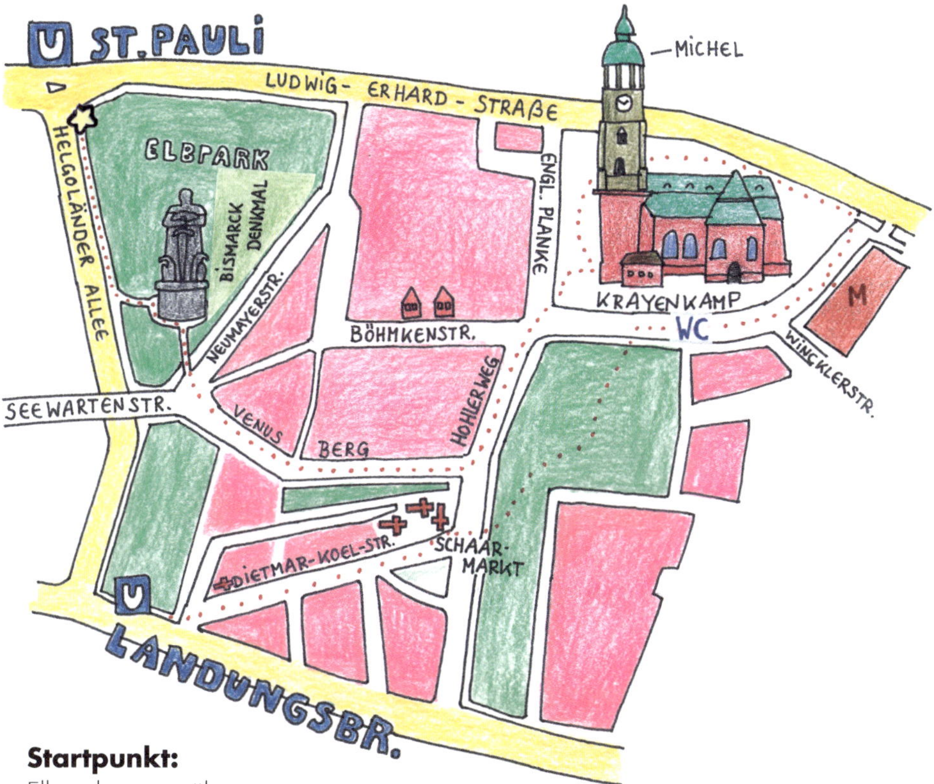

Startpunkt:
Elbpark, gegenüber der U-Bahnstation St. Pauli

U-Bahn:
U3 St. Pauli, Ausgang Reeperbahn

Der Eiserne Kanzler…

… erwartet dich. Dazu gehen wir ein Stück die Helgoländer Allee entlang. Der steinerne imposante Herr, der die Baumwipfel überragt, ist Otto von Bismarck (1815–1898). Er war der erste Kanzler des Deutschen Reichs und wurde auch der Eiserne Kanzler genannt. Wir steigen links vor der Brücke die Treppen hoch zum größten hamburgischen Denkmal. Es steht auf einer Anhöhe. Mit Sockel ist es 34,3 Meter hoch. Die Figur allein misst 14,8 Meter. Seit 1906 blickt Bismarck in Richtung Nordsee. Er begrüßt die Schiffe und Seefahrer, die in den Hamburger Hafen einlaufen. Als Kennzeichen seiner Macht trägt Bismarck eine mittelalterliche Rüstung mit einem langen Umhang und er hält ein riesiges Schwert in seinen Händen. Zu seinen Füßen hocken zwei Adler. Acht Athleten leisten ihm Gesellschaft. Im **Zweiten Weltkrieg** wurde der Sockel des Bismarckdenkmals als Luftschutzraum eingerichtet. Bei einem Luftangriff konnten dort etwa 650 Menschen Platz finden. Du kannst diesen Raum aber nicht besichtigen. Die Zugänge sind verschlossen.

?

Wie lang ist Bismarcks Schwert? Kreuze die richtige Länge an.

❑ 6 m ❑ 10 m ❑ 12 m

Wir gehen den Hügel hinunter in Richtung Jugendherberge, wenden uns nach links und biegen nach rechts in den Venusberg ein. Neben der eigentlichen Straße verläuft rechts ein grüner Weg. *(Hinter dem Kuhberg geht's rein.)* Wir passieren sechs bunte Holzstühle, die anscheinend für Kinder von Riesen gemacht sind.

Welche Farbe hat der dritte Stuhl? . . . .

Wir biegen nach links in den Hohlen Weg und nähern uns dem Wahrzeichen von Hamburg: der Michaeliskirche.

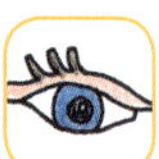

Der Michel

Du willst wissen, wie spät es ist? Kein Problem, vor dir siehst du die größte Turmuhr Deutschlands. Sie gehört zum Turm von St. Michaelis. Diese Kirche wird von den Hamburgern nur Michel genannt. Die Zifferblätter mit den römischen Zahlen haben einen Umfang von mehr als 24 Meter. Die großen Zeiger sind 4,91 Meter und die kleinen 3,65 Meter lang.

Wie heißen die Zahlen, die wir schreiben?

. . . .

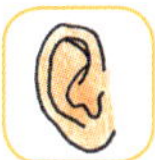

Jeden Tag um 10 und 21 Uhr und sonntags um 12 Uhr kannst du den Trompeter hören, der vom Turm einen ***Choral*** *bläst.*

Und nun rauf auf den Michel.  Schaffst du es ohne Fahrstuhl? Es macht Spaß, die Treppen zu laufen, da es unterwegs noch einiges zu entdecken gibt, zum Beispiel die sechs großen Glocken. Besonders gut zu sehen sind die Schifffahrtsglocke und die Bürgerglocke. Die Bürgerglocke wiegt etwa 4900 Kilogramm. Zum Vergleich: Ein ausgewachsener asiatischer Elefant in Hagenbecks Tierpark wiegt etwa genauso viel.

Auf dem achten Turmboden befindet sich das alte Uhrwerk. Heute wird die Uhr per Funk gesteuert.

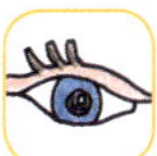

Wann wurde die Uhr eingebaut? . . . .

Auf der Plattform in 82 Metern Höhe hast du einen wunderschönen Rundblick aus der Vogelperspektive. Aber hier oben ist es meistens auch ganz schön windig.

Erzähle deinen Begleitern, welche Gebäude oder Sehenswürdigkeiten du von oben erkennst. Vielleicht kannst du dein Wohnhaus oder Hotel entdecken. Überleg einmal, in welcher Richtung es liegt.

Hast du gewusst, dass man vom Turm des Michel drei Meere sehen kann? Tagsüber das Häusermeer, abends das Lichtermeer und in der dunklen Nacht gar nix mehr!

Wenn du dich an der fantastischen Aussicht auf Hamburg satt gesehen hast, dann nichts wie nach unten *(aber bitte nicht stolpern!)* und hinein in die Kirche. Auf dem Rückweg kannst du die Stufen zählen.

Wie viele Stufen sind es bis unten? . . . .

Der Michel ist eine der fünf Hauptkirchen in Hamburg und ein Wahrzeichen der Stadt. Das Gotteshaus wurde zweimal durch Feuer zerstört. 1750 brannte die erste Große Michaeliskirche durch einen Blitzschlag bei einem heftigen Gewitter ab. 1906 vernichtete ein Feuer, das durch Reparaturarbeiten ausgelöst wurde, das neu errichtete barocke Gebäude. Architekten wollten danach eine moderne Kirche bauen, aber die Hamburger Bevölkerung verlangte ihren alten Michel zurück. So wurde der Michel fast originalgetreu wieder aufgebaut und gilt heute als die schönste **Barock**kirche Norddeutschlands.

Wenn du den Innenraum der Kirche betrittst, wird dir auffallen, dass du von allen Seiten Sicht auf die prächtige Kanzel hast. Dies hängt damit zusammen, dass in einem evangelischen Gottesdienst die Predigt im Mittelpunkt steht und jeder die Worte des Pastors verstehen soll. Schon im 17. Jahrhundert beklagten sich Hamburger Pastoren über die schlechte **Akustik** in den Kirchen. Schließlich gab es damals noch kein Mikrofon und so manch ein Pastor war nach seiner Predigt heiser. Die Baumeister haben dieses Problem beim Bau der Michaeliskirche berücksichtigt.

Im Innenraum befindet sich auf der rechten Seite der Gotteskasten. Diese gigantische „Sparbüchse" ist fast 250 Jahre alt und ein Geschenk des Architekten Sonnin. Darin wurden Spenden für die Armen gesammelt. Der Gotteskasten ist eines der wenigen Kunstwerke, die bei dem Feuer von 1906 aus der Kirche gerettet werden konnten.

Vielleicht hast du bemerkt, dass die vorderen Sitzbänke eine besondere Verzierung haben. Auf der linken Seite befindet sich das Hamburger Wappen. Hier dürfen die Mitglieder des Hamburger Senats bei offiziellen Veranstaltungen Platz nehmen. Auf der rechten Seite sitzt der Kirchenvorstand. Seine Sitzbänke sind mit dem Erzengel Michael geschmückt, der den Drachen tötet. Diese Darstellung kannst du beim Verlassen der Kirchen noch einmal als riesige Statue über dem Eingang bewundern. Der Engel besiegt den Teufel.

?

Was gefällt dir besonders in dieser Kirche?

. . . .

Wenn du mehr über den Michel erfahren möchtest, dann kannst du dich in der Gruft unter der Kirche informieren. Dort befindet sich eine Sammlung zur Kirchengeschichte. Neben den Gräbern von berühmten Verstorbenen gibt es auch einen hölzernen Leichenkarren aus dem 18. Jahrhundert zu sehen.

> Gruft oder Krypta nennt man unterirdische Grabanlagen im Kellergewölbe von Kirchen. Seit dem Mittelalter hat man Tote in Kirchen bestattet. Ein Grund dafür war, dass mit dem Verkauf von Grabstätten die Kirchenbauten finanziert werden konnten. So war es auch im Michel. Im Zweiten Weltkrieg wurde in der Gruft ein Luftschutzkeller eingerichtet. Bei den Bombenangriffen fanden hier viele Menschen Schutz.

Wir verlassen den Michel nach rechts und begegnen dem Reformator Martin Luther. Über den Begründer des protestantischen Glaubens erfährst du mehr auf Seite 62. Dann passieren wir auf dem Vorplatz zwei Glocken sowie Reihen von Spendentafeln und gehen weiter nach rechts zur Ecke Ludwig-Erhard-Straße und Krayenkamp.

Zitroonen, schööne Zitroonen

Die Frau auf dem Sockel, die mit ihrem goldenen Finger lockt, wirkt ein bisschen wie die böse Hexe aus dem Märchen „Hänsel und Gretel". Aber keine Angst, es ist nur die Zitronenjette, die früher in Hamburgs Straßen und Kneipen Zitronen verkaufte. Sie hieß eigentlich Johanne Henriette Marie Müller (1841–1916) und war eine arme Frau, die sich von ihren Kunden leicht übers Ohr hauen ließ.

Statt einer Bezahlung bekam sie oft Schnaps spendiert, so dass sie krank wurde und später in die „Irrenanstalt Friedrichsberg" kam.

Suche ein schönes Blatt und lege es in ihren Korb.

Versuch einmal, den Text auf dem Sockel laut zu lesen und zu verstehen. Er ist in Plattdeutsch geschrieben:
„Dien Leben wer suur as de Zitroonen, sall sick dat Erinnern an di lohnen? Dien Schiksol wiest op all de Lüüd, for de dat Glück het gor keen Tiet."

Krameramtswitwenpuppenstuben

Geh nun zum Krayenkamp Nr. 10 und lass dich mit geschlossenen Augen in den Innenhof zur ältesten Reihenhaussiedlung der Welt führen, den Krameramtsstuben. Wenn du sie wieder öffnest, dann hast du das Gefühl, eine Zeitreise in die Vergangenheit gemacht zu haben. In der engen Gasse der typischen Hinterhauswohnanlage aus dem 17. Jahrhundert kann man sich gut vorstellen, wie der Alltag der 20 Kramerwitwen war, die in den kleinen Fachwerkhäuschen gelebt haben. Die Kramer hatten sich schon seit dem Mittelalter in einer **Zunft** zusammengeschlossen. Sie verkauften in ihren Läden Gewürze, Seidenstoffe und Eisenwaren. Nach dem Tod der Männer zogen die Frauen in die Witwenwohnungen ein.

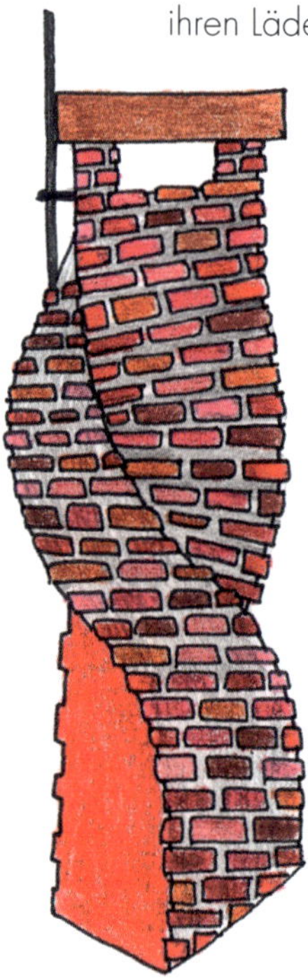

An einer Hauswand kannst du das Zunftzeichen der Krämer entdecken. Mal es auf.

Auf jeden Fall solltest du die Witwenwohnung besichtigen. Sie erinnert an eine Puppenstube. Klein, eng, gemütlich, aber ohne moderne Bequemlichkeiten. So gab es nur eine Gemeinschaftstoilette für alle am Ende des Hofes. Damals galt das aber als recht fortschrittlich. Ist dir aufgefallen, wie kurz das Bett ist? Daran erkennt man, dass die Erwachsenen früher kleiner waren. Hast du schon die lustigen gedrehten Schornsteine auf den Dächern bemerkt?

Schau dich genau um in der Kramerwitwenwohnung. Welche technischen Errungenschaften waren im 17. Jahrhundert auf keinen Fall vorhanden?

. . . .

Wir werfen noch einen Blick auf die Häuserfront und stellen fest, dass sie in der zweiten Etage breiter ist als im Erdgeschoss. Wegen der hohen Grundstückspreise wurde dieser Trick angewendet, um die Kosten zu senken. Bevor wir wieder in die Gegenwart eintreten, schauen wir uns noch an der rechten Hauswand Hamburgs Geschichte von 1189–1989 in Bildern an.

Wir verlassen den Innenhof und wenden uns nach links. Unterhalb des Michel hast du einen weiten Blick auf eine Wiese mit einem Springbrunnen. Falls du müde bist, kannst du dich dort ausruhen und im Sommer deine Füße kühlen. Vor dir siehst du das Verlagshaus „Gruner und Jahr". Es hat Bullaugen, Kommandobrücke und eine Reling. Das Gebäude soll an einen Ozeandampfer erinnern.

Seemannskirchen und Buddelschiffe

Rechts, am Fuße des Schaarmarkts, in der Ditmar-Koel-Straße, ducken sich drei kleine Seemannskirchen: die dänische, die norwegische und die finnische. Sie sind ganz unscheinbar, und wenn man ihre kleinen Türme nicht bemerkt, geht man achtlos an den schlichten Bauten vorbei.

Wir folgen weiter der Ditmar-Koel-Straße und schauen in das eine oder andere Schaufenster von Souvenirläden mit Buddelschiffen. Manchmal begegnen einem hier Matrosen, denn der Hafen ist nicht weit. Am Straßenende stehst du vor der ältesten Hamburger Seemannskirche. Es ist die schwedische Gustav-Adolf-Kirche. Der Backsteinbau fügt sich nahtlos in die anschließende Häuserreihe ein. In dem Gebäude konnten schwedische Seeleute auch wohnen und bis 1956 gab es dort eine schwedische Schule.

Welche Farben hat die schwedische Flagge? Mal sie auf.

☞ *Tipp: Du findest die Farben auf der Laterne über dem Eingang.*

Nun sind wir auch schon an den Landungsbrücken. Gegenüber der schwedischen Kirche liegt ein stolzes Segelschiff vor Anker. Wenn dich das Leben auf See interessiert und du mehr über die Geschichte dieses Dreimasters erfahren willst, dann musst du an Bord gehen. 5 Ansonsten lohnt es sich auf jeden Fall, zum Abschluss des Spaziergangs mit der U3 in Richtung Rathausmarkt zu fahren und die Aussicht auf das Hafenpanorama und die Speicherstadt zu genießen.

☞ *Und nun, zum Ende des Rundgangs, noch ein Geheimtipp:*

Die Kedelkloppersprook

Die Kedelkloppersprook (Kesselklopfersprache) ist eine Geheimsprache, die um 1850 in Hamburg entstanden ist. Heute ist sie nur noch wenigen Menschen bekannt. Sie ist eine Umwandlung des Plattdeutschen und wurde zunächst nur von den Kesselklopfern gesprochen. Das waren Hafenarbeiter, die bis 1930 in den Dampfschiffen den Kesselstein aus den Kesseln entfernen mussten. Diese „Schietarbeit" machte einen Höllenlärm und wurde schlecht bezahlt. Man glaubt es kaum: Mit dieser Sprache konnten sich die Männer bei dem Krach unter Deck besser verständigen. Später verbreitete sich die Geheimsprache auch unter Seeleuten, Schülern und Jugendlichen. Sie kedelkopperten, wenn sie sich über Angelegenheiten unterhalten wollten, die andere nicht verstehen sollten. Du kannst diese Geheimsprache auch lernen, wenn du ein paar Regeln befolgst:

- Wenn das Wort mit einem Selbstlaut/Vokal beginnt (a, e, i, o, u), wird nur ein „i" am Ende des Wortes angehängt: in = ini.
- Wenn das Wort mit einem Mitlaut/Konsonanten (alle anderen Buchstaben) beginnt, dann wandert dieser Laut ans Wortende und zusätzlich kommt ein „i" dazu: Hamburg = Amburghi.
- Bei mehreren Mitlauten am Wortanfang werden diese ans Ende gehängt und ein „i" kommt dazu: zwei = eizwi.
- Bei zusammengesetzten Worten wird jedes einzelne Wort gekedelkloppert: Hauskatze = Aushiatzeki.

Das üben wir jetzt mit einem Gedicht von Joachim Ringelnatz:

In Hamburg lebten zwei Ameisen, die wollten nach Australien reisen. Bei Altona, auf der Chaussee, da taten ihnen die Beine weh, und da verzichteten sie weise dann auf den letzten Teil der Reise.	Ini Amburghi ebtenli eizwi Ameiseni, iedi olltenwi achni Australieni eisenri. Eibi Altonai, aufi erdi Ausseechi, adi atenti ihneni iedi Einebi ehwi, undi adi erzichtetenvi iesi eisewi anndi aufi endi etztenli Eilti erdi Eiseri.

So, und jetzt bist du an der Reihe!

7. Rundgang

Pesthöhlen und Leichenkarren – Hamburg zu Zeiten der Cholera

Im Gängeviertel

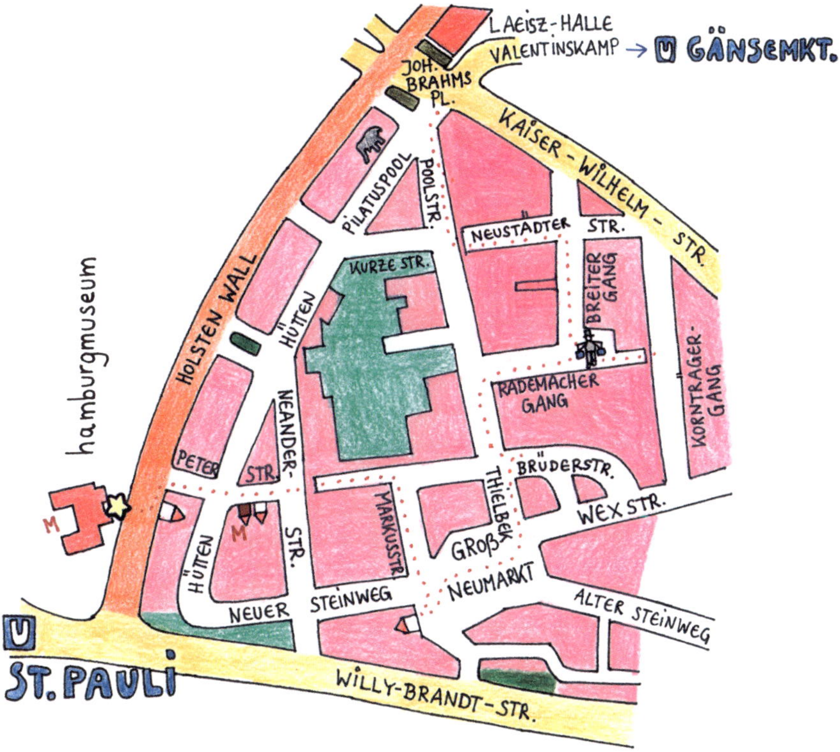

Startpunkt:
Holstenwall - hamburgmuseum

U-Bahn:
U3 St. Pauli, Ausgang Millerntordamm

Penne - Pauker - Pausen

Heute machen wir wieder einen Ausflug in die Vergangenheit. Dazu treffen wir uns vor dem hamburgmuseum und schauen uns zunächst den Turm des imposanten Backsteingebäudes an. Er ist wie ein Leuchtturm gestaltet und trägt einen stolzen Zweimaster, der dir die Windrichtung anzeigt. Nach einem Besuch der Ausstellung zur Stadtgeschichte richten wir unseren Blick auf das gegenüberliegende mächtige Doppelhaus. Es wurde am Anfang des 20. Jahrhunderts erbaut und war eine Volksschule. Wenn du genau hinschaust, dann wirst du rechts und links der Regenrinne zwei gleiche Hälften erkennen. Auf der einen Seite des Schulhauses wurden die Mädchen unterrichtet und auf der anderen die Knaben. Damals gab es nämlich noch keine gemischten Klassen. Am Steinschmuck über den beiden Eingängen kannst du feststellen, in welchem Gebäudeteil jeweils die Mädchen und Jungen büffeln mussten. Die germanische Göttin der Jugend Freia und der germanische Kriegsgott Wotan helfen dir, die richtige Antwort zu finden.

Schon im 9. Jahrhundert gab es in Hamburg kirchliche Schulen. In der Schulordnung von 1528 ist zu lesen, dass Kinder von sieben bis zwölf Jahren zur Schule gehen sollten. Weiter erfahren wir aus den Hamburger Schulgesetzen dieser Zeit, dass es den Schülern verboten war, über Tische und Bänke zu hüpfen und zu springen wie die Elstern und Buchfinken. Außerdem durften sie nicht schwimmen wie die Enten und auf dem Markt die Pferde der Bauern nicht scheu machen. Für solche Vergehen gab es Nachsitzen oder eine tüchtige Tracht Prügel mit dem Rohrstock. Aber nicht alle Kinder gingen zur Schule, denn die allgemeine Schulpflicht wurde in Hamburg erst 1870 eingeführt.

Durch welche Tür betraten damals die Mädchen und die Jungen das Schulgebäude?

. . . .

. . . .

In die Gänge kommen

Nun gehen wir an der Ampel über den Holstenwall in die Peterstraße und überqueren die Straße mit dem Namen Hütten. Würden nicht ein paar Autos dort parken, dann könntest du dich in eine andere Zeit versetzt fühlen. Das Kopfsteinpflaster, die alten Straßenlaternen, die Fach-

werkhäuser und die **barocken** Bürgerhäuser sprechen aber nur scheinbar von den Wohnverhältnissen vor dreihundert Jahren. Es ist kein „echter" Blick in die Vergangenheit. Genauer gesagt, es hat diese Häuser in dieser Zusammenstellung in dieser Gegend der Neustadt früher nie gegeben. Hier war das Gängeviertel der ärmeren Bevölkerung. Die Bürgerhäuser reicherer Leute standen ursprünglich in der Altstadt in der Nähe der Katharinenkirche. Sie wurden vor nicht allzu langer Zeit in der Peterstraße originalgetreu nachgebaut. Du musst dir vorstellen, dass sich hinter den barocken Fassaden der Häuser ganz moderne Wohnungen verstecken. Die nachgebauten Fassaden mit den wellenförmig geschwungenen Giebeln sind nur davorgesetzt.

Was sind potemkinsche Dörfer?
Bei der Peterstraße könnte man auch von einem potemkinschen Dorf sprechen. Potemkin war ein russischer Fürst, der Dorf**attrappen** bauen ließ, um die Kaiserin Katharina die Große von Russland auf ihrer Reise durch die Krim zu täuschen. Die falschen Dörfer sollten Wohlstand vortäuschen. Katharina die Große regierte von 1762 bis 1796.

Welchem berühmten Dichter ist das Haus Nr. 36 gewidmet?

. . . .

Frag doch mal die Leute auf der Straße, ob sie ein Gedicht oder Lied des Dichters kennen.

„Echt" alt ist allerdings das Beyling-Stift (Hausnummer 39), in dem ältere Menschen preisgünstig wohnen können. In dieser Häuserreihe ist auch das Johannes-Brahms-Museum untergebracht. Dort kannst du dich über das Leben und die Musik des berühmten Hamburger Komponisten informieren.

In welcher Straße ist Brahms geboren?

. . . .

☞ *Tipp: Du findest dazu einen Hinweis auf der Hauswand.*

Aufgepasst! Auf derselben Straßenseite gibt es einen Durchgang zu einem malerischen Innenhof mit weiteren Fachwerkhäusern, die typisch für das Gängeviertel waren. Einfach hindurchgehen. Im Sommer blühen dort viele Blumen und du findest Bänke zum Ausruhen. Früher sah es allerdings nicht so hübsch und ordentlich im Gängeviertel aus.

Spätestens jetzt fragst du dich bestimmt, was denn Gängeviertel eigentlich bedeutet. Weil immer mehr Menschen im 17. Jahrhundert vom Land in die Stadt kamen und innerhalb der Stadtmauern leben wollten, entstanden Wohnviertel mit **Labyrinthen** aus schmalen Straßen und verwinkelten Hinterhöfen. Man nannte sie Gängeviertel. In den einfachen Fachwerkhäusern wohnten dicht gedrängt die ärmeren Leute. Die Häuserreihen standen oft so eng nebeneinander, dass keine Fuhrwerke durchfahren konnten und wenig Licht in die Straßen fiel. Es gab Gängeviertel in der Altstadt und in der Neustadt.

?

Wie kommt der Krake zum Eis?

Besonders schlimm waren die Wohnverhältnisse in den Quartieren zu Zeiten der **Cholera**. Robert Koch, der Entdecker der Choleraerreger, war entsetzt über die Zustände in den Gängevierteln und bezeichnete sie als „Pesthöhlen". Damit du dir das Leben der Gängeviertel-Bewohner besser vorstellen kannst und einen Eindruck davon bekommst, unter welchen Bedingungen sie damals lebten, solltest du dir den Brief am Ende des Rundgangs durchlesen. *(Siehe Seite 102.)*

Wir setzen unseren Spaziergang fort und schlendern geradewegs auf den falschen „Paradieshof" (Lichtwark-Saal) zu. So wird eines der ersten barocken Mietshäuser in Hamburg genannt. *(Den echten kannst du dir im Alten Steinweg 11 ansehen.)*

Wie stellst du dir dein Paradieshaus vor?
Erzähl es deinen Freundinnen und Freunden.

Gemüse und mehr

Wir folgen der Peterstraße rechts am Paradieshof vorbei *(Fußweg)*, passieren einen Sport- und Spielplatz und biegen rechts in die Markusstraße ein. Sie führt uns direkt auf den Großneumarkt. Das ist der Mittelpunkt der Neustadt. Hier gibt es viele Restaurants und Kneipen und sogar eine Eisdiele.

Am Mittwoch und Samstag ist Markttag. Dann findest du auf dem Platz zahlreiche Stände mit Obst und Gemüse.

Wir halten uns weiter rechts, überqueren den Neuen Steinweg und treffen auf eine schöne, alte Apotheke (Nr. 37) mit bunten Blumengirlanden an den oberen Fensterrahmen. Das ist **Jugendstil**. Auf einer Fensterscheibe und an der Fassade versteckt sich ein großer Vogel.

Welcher Vogel gibt der Apotheke ihren Namen?

. . . .

In dieser Umgebung befanden sich früher zahlreiche Herbergen für Auswanderer, die bis zur Abfahrt der Schiffe nach Übersee in diesen Unterkünften wohnten. 5

Auf dem Marktplatz erhebt sich ein Brunnen. Fünf nackte Menschen steigen eine Wendeltreppe hinauf, deren Stufen mit Wasser umspült werden. Nur eine Frau ist bekleidet. Der Brunnen ist ein Jubiläumsgeschenk der ältesten Feuerversicherung der Welt: Die Hamburger Feuerkasse feierte 1976 ihren 300. Geburtstag. Vom Brunnen aus hast du übrigens einen schönen Blick auf den Turm der Michaeliskirche, die du im 6. Rundgang kennenlernst.

Wann wurde die Feuerkasse gegründet?

. . . .

An der Ecke Wexstraße/Großneumarkt klettern zwei schwarze Mäusetiger waghalsig die Fassade hinunter. Hast du sie entdeckt?

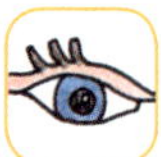

Wie heißt das Tier im Biologieunterricht?

. . . .

Wir biegen nun in den Thielbek ein, werfen einen Blick nach links auf das alte Fachwerkgiebelhaus und dann nach rechts in die schön geschwungene Brüderstraße. Danach geht es rechts in den Rademachergang. Auf der linken Seite findest du das Memelhaus der Allgemeinen Deutschen Schiffszimmerer-**Genossenschaft**. Ein schönes Steinrelief zeigt Männer bei der Arbeit.

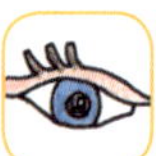

Mit welcher Tätigkeit sind die Männer beschäftigt?

. . . .

Der Spruch an der Fassade erklärt, warum die Handwerker sich in einer Genossenschaft zusammengeschlossen haben: „Een alleen stüürt keen Noot, aver to hoop slaat wi den Düvel doot."

Lies den plattdeutschen Text deinen Begleitern laut vor.
Wir übersetzen ins Hochdeutsche: „Einer allein kann nichts gegen die Not ausrichten, aber gemeinsam schlagen wir den Teufel tot."

Hummel Hummel

Auf dem Platz an der Ecke Breiter Gang triffst du nun auf den Hummelbrunnen. Er ist dem Hamburger Wasserträger Michel Johann Wilhelm Bentz (1787-1854) gewidmet. Der Bildhauer Richard Kuöhl hat 1938 den Brunnen aus Muschelkalk zur Erinnerung an den viel geplagten Mann geschaffen. Da es früher keine Wasserleitungen gab, wurde frisches Wasser von Wasserträgern verkauft. Sie mussten lange Wege gehen und somit schwere Arbeit leisten. Deshalb war der stadtbekannte Herr Bentz wohl oft schlecht gelaunt und wurde von den Kindern in der Neustadt geneckt. „Hummel, Hummel!" riefen sie hinter ihm her. „Mors, Mors!" kam von ihm dann grimmig als Antwort zurück. Das Hamburger Autokennzeichen HH ist aber nicht von „Hummel, Hummel" abgeleitet, sondern von Hansestadt Hamburg.

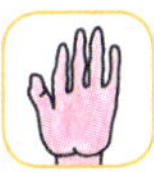

Berühre die raue Oberfläche des Brunnens.

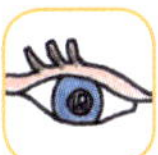

Wie viele Kinder verstecken sich hinter dem Rücken des Wasserträgers? Wo ist eine weitere Kinderfigur zu sehen? (Sie erklärt dir auch die Bedeutung von „Mors, Mors"!)

. . . .

Der Hummelbrunnen steht im Mittelpunkt der umliegenden Wohnsiedlung, die vor etwa 70 Jahren erbaut wurde. Diese roten Backsteinhäuser galten damals als sehr modern und fortschrittlich, besonders im Vergleich zu den vorherigen unsauberen und krank machenden Lebensbedingungen in den Gängevierteln. Jetzt hatte jede Wohnung eine Wasserleitung und eine eigene Toilette.

Wer Lust hat, geht den Rademachergang weiter, steigt die Stufen hinunter und sieht sich noch die schönen Verzierungen der Hauseingänge auf der gegenüberliegenden Seite im Kornträgergang an. Auch dort wirst du auf den Wasserträger treffen. Die Keramikbilder regen dazu an, Geschichten zu erfinden.

Erzähl deinen Begleitern Geschichten zu den Bildern im Hauseingang Nr. 16.

Versteckt im Hinterhof

Nach dem kurzen Abstecher gehen wir zurück zum Brunnen und folgen dem Breiten Gang. Wir biegen nach links in die Neustädter Straße (Kinderspielplatz) und am Ende nach rechts in die Poolstraße. Hinter der Einfahrt von Haus Nr. 12–13, im Hof einer Autowerkstatt, befinden sich die Überreste einer alten Synagoge. Falls das Tor geöffnet ist, geh hinein. Im Hintergrund des Eingangs im Rundbogenstil verbirgt sich eine Ruine mit einer halbrunden Altarnische.

Gleich nebenan gibt es noch mehr zu entdecken, denn im Schaufenster des Hauses Nr. 14 kannst du dir einen richtigen Oldtimer ansehen.

Elefantenführer

Wir gehen die Poolstraße weiter in Richtung Johannes-Brahms-Platz. Wenn du jetzt an der Ecke einen Blick in den Pilatuspool wirfst, siehst du einen Dickhäuter an der Fassade am Brahms-Kontor. Der Elefant ist aus Bronze und heißt Anton. Er soll an den alten Zoologischen Garten erinnern, der sich bis 1930 gegenüber in den Wallanlagen befand. Schau genau hin, dann fällt dir auf, dass der Elefantenführer nicht auf dem Rücken des Tieres sitzt, sondern in seinem Nacken, hinter den großen Ohren. Er lenkt den Elefanten mit den Füßen und einem Stock. Das eindrucksvolle Bürohaus Brahmskontor wurde von 1927 bis 1931 nach dem Vorbild amerikanischer Wolkenkratzer gebaut und in den letzten Jahren aufwändig umgestaltet. Es war damals das höchste Haus in Hamburg und der erste Bau mit einem Skelett aus Stahl. So konnte man große Büroflächen planen, die ohne Stützpfeiler auskamen. Es lohnt sich, nach oben zu blicken, bevor du hineingehst. An der

Vorderseite sind zwei große „Wächter" zu entdecken und die **Arkaden-decke** zeigt schöne Keramikbilder. Hinter dem Arkadengang befindet sich ein prächtiges Treppenhaus mit bunten Mosaiksteinen, roten und grünen Wandfliesen, spiralförmiger Treppe und goldglänzenden Fahrstuhltüren. An der Fassade am Holstenwall tanzen sechs nackte Jünglinge über deinem Kopf. Wie gefallen dir die drei kleinen Figuren an der Ecke?

Musik 2, 3, 4

Wir sind nun am Johannes-Brahms-Platz. Vor dir steht die schöne Laeisz-Musikhalle. In diesem **neobarocken** Gebäude werden Konzerte aufgeführt. Es wurde am Anfang des 20. Jahrhunderts errichtet. Die beiden kleinen **Putten** oben am Giebel halten ein Musikinstrument in ihren Händen.

?

Kennst du den Namen des Instrumentes am Gebäude?

. . . .

Auf dem Vorplatz findest du an der rechten Seite einen Würfel aus Granit mit Bildnissen des Musikers Johannes Brahms. Er wird in verschiedenen Lebensaltern dargestellt. Das Lebensalter, in dem du dich befindest, hat der Bildhauer auf dem Würfel allerdings nicht berücksichtigt.

?

Wie heißt dein Lebensabschnitt?

. . . .

Wir sind nun am Ende unseres Rundgangs. Auf der anderen Seite der Wallstraße sind die Gerichtsgebäude zu erkennen. Davor ziehen sich rechts und links die grünen Wallanlagen. Bis zum 17. Jahrhundert befanden sich dort die Befestigungswälle zur Verteidigung der Stadt vor Feinden. Sie waren damals so lang, dass ein Mann auf einem Pferd zwei Stunden brauchte, um die Stadt zu umreiten. Heute findest du an dieser Stelle den Park Planten un Blomen mit Wiesen, kleinen Bachläufen, schönen Pflanzen, duftenden Blumen, Bänken zum Ausruhen, einer Rollschuhbahn (Eisbahn im Winter), einem Wasserspielplatz und noch vieles mehr.
(Siehe „Adressen und mehr".)

Hamburg, im August 1892

Liebe Tante Amalie,

stell dir vor, ich habe jetzt schon Ferien und kann mich doch nicht freuen. Die Schule ist seit gestern geschlossen, weil viele meiner Klassenkameradinnen krank sind. Sie haben Brechdurchfall, aber nicht in der Art, wie es manchmal vorkommt, wenn man einen verdorbenen Fisch gegessen hat. Es ist viel, viel schlimmer. Die meisten sterben schon nach zwei Tagen. Ich habe gehört, es ist eine Seuche und die heißt Cholera. Deswegen darf ich mich nicht mit meinen Freundinnen treffen. Ich darf auch nicht zum Schwimmen an die Elbe gehen, obwohl es draußen so heiß ist. Onkel Hans, der ja lange Zeit zur See gefahren ist, sagt, dass wir eine Hitze wie in den Tropen haben. Der muss es wissen, der hat schon die ganze Welt gesehen. Mama sagt, es sei draußen zu gefährlich und ich könnte mich anstecken. Jetzt hocke ich den ganzen Tag in der Stube und muss auf meine fünf kleinen Geschwister aufpassen. Du weißt doch, wie eng es bei uns ist und dass Mama, Papa und wir sechs Kinder nur eine Stube und eine Küche haben. Wir leiden alle unter der großen Hitze. Hier ist es so heiß wie im Backofen und im Hinterhof erreicht uns kein einziger Sonnenstrahl. Die Häuser im Gängeviertel stehen ganz dicht beisammen und stinken tut es hier auch. Unsere Nachbarn werfen ihre Abfälle immer in den Hof und schütten sogar ihren Nachttopf in die Abflussrohre für das Schmutzwasser. Wir haben für die 20 Familien bei uns im Hinterhaus nur zwei **Anstandsorte**, und die sind immer besetzt. Papa sagt, dass die Obrigkeit aber jetzt angeordnet hat, dass man täglich die Rinnsteine in den Wohnhöfen und den Gängen sauber machen muss. St. Michaelis hat gerade erst drei geschlagen und es ist schon sehr dunkel im Zimmer. Um dir schreiben zu können, habe ich die Petroleumlampe angezündet, aber Mama darf das nicht wissen. Sie würde schimpfen, weil das zu teuer ist. Mama ist gerade zum Wasserholen. Sie geht aber nicht mehr zur Schöpfstelle an die Elbe. Onkel Hans sagt, das Wasser ist verpestet und macht krank, weil es nicht sauber ist. Mir war ja oft auch schon ganz komisch, wenn ich gesehen habe, was bei uns so alles im Wasser ist. Da sind ja Würmer drin und kleine Aale habe ich auch schon gesehen. Gestern stand an der Anschlagsäule, dass wir nur noch abgekochtes Wasser trinken sollen. Mama sagt, es ist gut, dass wenigstens einer in der Familie lesen kann. Jetzt ist sie zum Fasswagen gegangen, der durch die Stadt fährt und das gekochte Wasser umsonst verteilt. Man erzählt sich in unserem Viertel, dass die Sanitätswagen nicht mehr ausreichen, um all die Kranken in die Krankenhäuser zu bringen. Deshalb nimmt man jetzt alte Kutschen und Möbelwagen für die Kranken- und Leichentransporte. Die Totengräber arbeiten Tag und Nacht und die Kutscher sind immer betrunken. Sie glauben nämlich, dass sie sich nicht anstecken können, wenn sie viel Alkohol trinken. Das stimmt aber nicht, denn der Bruder von Emma hat viel getrunken und ist trotzdem gestorben. Jetzt will ich dir endlich sagen, warum ich dir heute schreibe: Onkel Hans hat gesagt, dass bei euch in Altona das Wasser sauber ist, weil es dort ein Filterwasserwerk gibt. Deshalb lässt Mama anfragen, ob wir Kinder zu dir und Onkel Hein nach Altona auf den Bauernhof kommen können, so lange, bis hier alles wieder in Ordnung ist. Es soll nicht euer Schaden sein, denn auch die Kleinen können schon tüchtig anpacken und auf dem Hof wird doch zur Erntezeit immer Hilfe gebraucht. Wir warten sehnlichst auf deine Antwort.

Ergebendst deine Hildegard

Am besten verbrennst du den Brief, wenn du ihn gelesen hast, um kein Wagnis einzugehen.

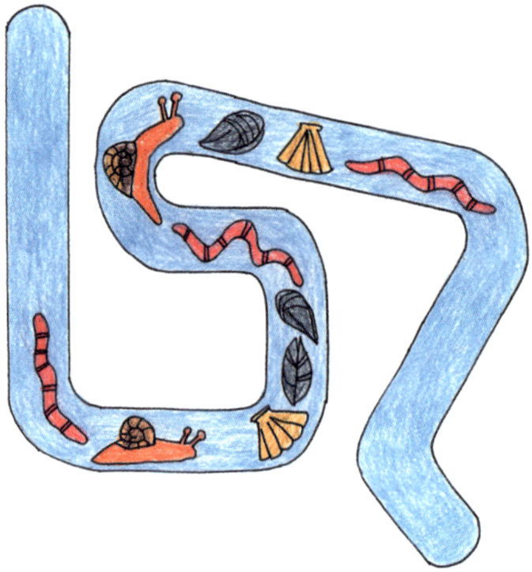

Vom Tier in Hamburgs Wasserrohr,
da kommen 16 Arten vor:
Ein Neunaug', Stichling und ein Aal,
drei Würmer leben in dem Strahl,
drei Muscheln und drei träge Schnecken
sich mit den munteren Asseln necken.
Ein Schwamm, ein Moostier, ein Polyp,
die dringen lustig durch das Sieb.
An toten Tieren kommen raus:
der Hund, die Katz und die Maus.
Noch nicht gefunden sind, Malheur,
der Architekt und der Ingenieur.

(W. Melhop, Alt-Hamburgisches Dasein, Hamburg 1899, S. 56)

8. Rundgang

Ein himmlisches Café und ein Schiff auf dem Trockenen

Das Kontorhausviertel in der Altstadt

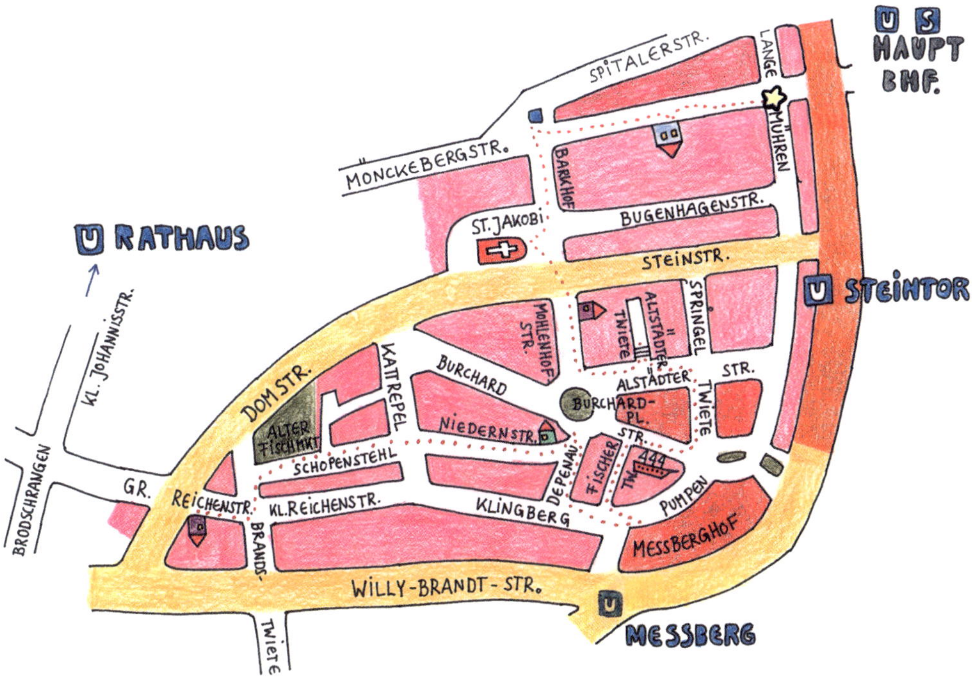

Startpunkt:
U/S-Bahnausgang Hauptbahnhof/Mönckebergstraße

U/S-Bahn:
U1, U2, U3, S1, S3, S4, S21, S31 Hauptbahnhof

Bei den Schafen in der Innenstadt ...

... beginnen wir unseren Rundgang durch das Kontorhausviertel. Sie sind aus Bronze und weiden am Klöpperhaus an der Ecke Mönckebergstraße/ Lange Mühren. Das ist ein Kontorhaus, das 1913 vom Architekten Fritz Höger gebaut wurde. Heute ist es ein großes Kaufhaus. Die Bronzeschafe des Tierbildhauers August Gaul sollen an den Handel mit Schafswolle erinnern, den der Kaufmann Heinrich Adolf Klöpper betrieb.

Kannst du die Tierlaute der Schafe nachmachen?

An der Hausfassade hoch über deinem Kopf gibt es noch weitere Tiergruppen des Künstlers zu sehen. Zwei Elefanten aus Stein, die auf Handelskontakte mit fernen Ländern verweisen, und eine Schweinefamilie, die auf den einstigen Schweinemarkt vor der Haustür aufmerksam machen soll.

Wie groß ist die Schweinefamilie? . . . .

Kontorhäuser sind Bürohäuser nach englisch-amerikanischem Vorbild. Sie wurden in Hamburg ab den 80er-Jahren des 19. Jahrhunderts gebaut. Das bedeutete zum einen den Abriss der alten Gängeviertel, die früher das Bild der Innenstadt prägten. Zum anderen aber auch die endgültige räumliche Trennung von Wohnen und Arbeiten, denn vorher waren die Wohn- und Arbeitsräume der Kaufleute zumeist in einem Haus untergebracht. Die Firmen und Handelsgesellschaften, die sich in den neuen riesigen Bürohäusern niederließen, hatten die Möglichkeit, die Räume nach ihren Bedürfnissen zu gestalten. Die einzelnen Stockwerke konnten je nach Anzahl und Größe der Firmen frei eingeteilt werden. Außerdem gehörten zur modernen Einrichtung Toiletten und Waschräume, ein **Paternoster**, eine zentrale Heizungsanlage und eine eigene Hauspost. Viele alte Kontorhäuser in Hamburg stehen heute unter Denkmalschutz und dürfen nicht abgerissen werden.

Gegenüber dieser ehemaligen „Ferkelei" stand einmal ein altes Badehaus. In der 1854 gebauten Wasch- und Badeanstalt Schweinemarkt konnten die Frauen des nahe gelegenen **Gängeviertels** ihre Wäsche waschen und sich selbst in einer Wanne gleich mit. 1963 wurde das runde Gebäude leider abgerissen. In der U-Bahn-Haltestelle Steinstraße kannst du dir aber ein Keramikbild des ungewöhnlichen Bauwerks ansehen.

Fast wie im Zoo

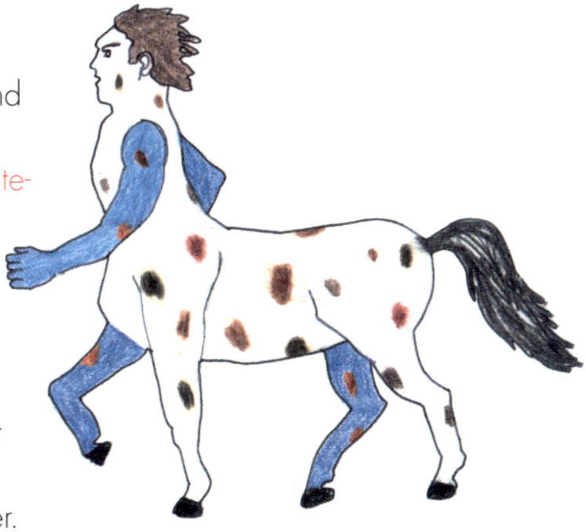

Wir gehen weiter in Richtung Rathaus und besuchen unser erstes Kontorhaus in der Mönckebergstraße Nr. 7. Es heißt Levantehaus und wird dir bestimmt gefallen. Du kannst es nicht verfehlen, denn über dem Haupteingang schwebt ein Zentaur aus Bronze und manchmal lodern Flammen aus den Schalen an seiner Seite. Ein Zentaur oder Kentaur ist ein griechisches Fabelwesen mit einem Pferdeleib und menschlichem Oberkörper.

Das Levantehaus ist nach dem ersten großen Mieter des Gebäudes benannt. Das war die Deutsche Levante-Linie, eine Dampfschifffahrtsgesellschaft. Levante ist ein italienisches Wort und heißt Osten. Weil im Osten die Sonne aufgeht, hat das Haus als Symbol eine Sonne, die du auf dem Boden sehen kannst. Bevor du weitergehst, betrachte die wunderschönen Tierfiguren über deinem Kopf im Eingangsbereich und in der Halle. Elefant, Tiger, Bär, Nashorn, Land- und Seevögel, Affen, Löwe, Gepard und sogar ein Krake klettern an der Wand.

Welches Tier schaut als einziges nach oben? . . . .

Ganz oben an der Decke bilden schöne Motive aus buntem Glas einen leuchtenden Abschluss.

Kannst du dort auch noch ein Tier entdecken? . . . .

An der Rolltreppe, im Inneren der Passage, sind sehr schöne, farbige Wandmalereien zu bewundern. Eine Karawane mit Edelleuten, Pferden und Kamelen zieht durch eine liebliche Landschaft. Wir fahren nach oben und sehen uns die Köpfe der Architekten an, die an den Wänden in den Seitengängen zu finden sind.

Auf der anderen Seite fährt ein **Paternoster**, in den man aber nicht einsteigen kann, weil er schon besetzt ist.

?

Schau dir die „Leute" an, die im Paternoster fahren und schreib auf, welche Berufe du erkennst.

. . . .

Hinunterfahren kannst du nun mit dem gläsernen Aufzug. Jetzt wird es spannend, denn er lädt zu einer Zeitreise ein. Allerdings brauchst du dich dazu nicht mühsam abzuseilen wie die gemalten Leute an der Wand. Stockwerk für Stockwerk geht es zurück von der Gegenwart mit Wolkenkratzern zum Mittelalter, wo die Straße mit dicken Kopfsteinen gepflastert ist und zwei Frauen neugierig aus dem Fenster schauen. Im Erdgeschoss erreichst du schließlich die Antike, in der das Tragen von Toga und Sandalen modern war und ganz unten im Keller begegnest du einem nackten Höhlenmenschen.

Die Mönckebergstraße ist eine der beliebtesten Einkaufsstraßen in Hamburg. Nachdem der Hamburger Hauptbahnhof 1906 eingeweiht wurde, wollte man der Stadt ein neues Gesicht geben und den Verkehrsknotenpunkt durch eine eindrucksvolle Straße mit dem Rathaus verbinden. Früher wohnten im Gängeviertel dazwischen die armen Leute. Wegen schlechter Lebensbedingungen gab es bei der **Cholera-Epidemie** 1892 dort besonders viele Opfer. Am Anfang des 20. Jahrhunderts wurden daraufhin die Fachwerkhäuser in den engen, schmutzigen Gassen abgerissen und in der Altstadt entstand ein Geschäftsviertel mit vielen Kontorhäusern und Kaufhäusern. Das nennt man **Sanierung**. Der Bürgermeister Johann Georg Mönckeberg hatte sie angeordnet. Ihm zu Ehren stifteten die Bürger der Stadt den Mönckebergbrunnen aus Muschelkalk. Du findest ihn am Ende der Spitalerstraße.

Löwen für den Bürgermeister

Wir verlassen nun das Levantehaus, überqueren die Mönckebergstraße und gehen weiter in Richtung Rathaus bis zur Ecke Spitalerstraße. Dort findest du den Mönckebergbrunnen. Das Porträt des ehemaligen Bürgermeisters Johann Georg Mönckeberg und den stolzen Löwen auf dem Sockel schuf 1915 der Bildhauer Georg Wrba. Etwa zehn Jahre später wurden noch Bronzefiguren dazugestellt. Ein nackter Mann und eine nackte Frau lehnen sich an zwei Wasser speiende Seelöwen. Hinter dem Brunnen siehst du ein schönes, altes Haus mit Säulen, das wie ein kleiner Tempel aussieht. Es ist die alte Bücherhalle von 1912, in der anstelle von geistiger Nahrung heute für das leibliche Wohl gesorgt wird.

Gefällt dir das alte Gebäude? Kannst du einen Grund dafür angeben? Unterhalte dich mit deinen Begleitern darüber.

Neuer Turmhelm und alte Schätze

Wir gehen gegenüber in den Barkhof. Der Turm mit Goldspitze, der ein bisschen aussieht wie eine Rakete vor dem Abflug, gehört zur Hauptkirche St. Jacobi. Auf den Zeigern der Kirchturmuhr sind zwei Gestirne zu erkennen.

Welche Gestirne sind es?

. . . .

Von außen ist es ihr kaum anzusehen, aber im Innern bewahrt das Gotteshaus viele alte, wertvolle Schätze. Die wollen wir uns ansehen. Etwas Besonderes sind die drei kostbaren Altäre. Sie stammen aus dem 16. Jahrhundert und wurden von **Handwerkergilden** und **Zünften**

St. Jacobi wird zum ersten Mal 1255 erwähnt. Damals war die Kirche noch eine kleine Kapelle für Pilger und Kaufleute. Sie lag außerhalb des schützenden Stadtwalls am ersten gepflasterten Weg, der Steinstraße. 1260 wurde die Stadtgrenze erweitert. So entstand ein neues **Kirchspiel**, in dem vor allem Arbeiter und Handwerker wohnten. Heute liegt die Kirche mitten in der Stadt. Sie duckt sich aber eher bescheiden hinter die Häuserreihe der Mönckebergstraße. Die Backsteinkirche wurde im 14. Jahrhundert im **gotischen** Stil errichtet. Als Napoleons Truppen 1813 Hamburg belagerten, benutzten die Soldaten das Gotteshaus als Pferdestall. Dabei ging natürlich einiges kaputt *(siehe Seite 12)*. Im **Zweiten Weltkrieg** wurde die Kirche dann von Bomben fast ganz zerstört, aber seit 1963 ist St. Jacobi wieder so, wie sie im Mittelalter war. Allerdings hat sie einen modernen Turmhelm und neue Fenster bekommen. Wusstest du, dass der erste Blitzableiter in Hamburg im 18. Jahrhundert auf dem Jakobikirchturm errichtet wurde?

Welches Jubiläum feierte die Kirche 2005?

. . . .

gestiftet, deren Mitglieder dort zur Kirche gingen. Dem Eingang am nächsten ist der St.-Lukas-Altar. Er kommt ursprünglich aus dem Hamburger Dom, der 1804 abgerissen wurde. Es ist der Altar der Maler und Lukas ist ihr Schutzheiliger. Die große mittlere Tafel zeigt schöne, bildhafte Figuren aus Holz. Wir sehen viele Heilige und Maria mit dem Kind auf ihrem Schoß. Vorne rechts ist Lukas als Maler zu erkennen. Zu seinen Füßen liegt sein Haustier: ein kleiner Stier. Dahinter steht ein Malerlehrling, der Farbe zu Pulver zerreibt. Lukas ist gerade dabei, ein Bild von der Mutter Gottes mit dem Kind anzufertigen. Es müssen die letzten Pinselstriche gewesen sein, denn mittlerweile hat Maria sich wieder hingesetzt. Wenn man sich das Bild auf der Staffelei genauer ansieht, dann fällt auf, dass sie dort stehend mit Jesus auf dem Arm dargestellt wird. *(Bitte nicht hinter die Absperrung gehen.)*

Wie viele Personen befinden sich auf dem mittleren Bild des Altars?

. . . .

Jetzt gehen wir in das nächste Seitenschiff zum Altar der Fischer, dem Petri-Altar. Petrus ist ihr Schutzheiliger, weil Petrus auch Fischer war. Dieser Altar hat ebenfalls geschnitzte Figuren und gemalte Bilder, die dir in bunten Farben entgegenleuchten. Er erzählt Geschichten von Petrus und der heiligen Gertrud. Gertrud war eine Klostervorsteherin. Petrus hält den Himmelsschlüssel und ein Buch in seinen Händen. Maria und das Jesuskind stehen wieder im Mittelpunkt. Wenn du bis zur Absperrung gehst, kannst du den goldenen Gegenstand erkennen, den das Kind mit seinen Fingern festhält.

Was hält Jesus in seiner Hand? . . . .

Der Hauptaltar gegenüber der Orgel ist aus Eichenholz geschnitzt und ganz vergoldet. Er heißt Trinitatisaltar und war ein Geschenk der Böttcher. Das sind Wagenrad- und Fassmacher. Trinitatis heißt Dreieinigkeit: Gott, Jesus und Heiliger Geist. Auf den Bildern werden Ereignisse aus dem Leben von Maria, der Mutter Gottes, dargestellt. In dem mittleren Feld unten siehst du sie mit dem Jesuskind auf dem Arm. Beide sind von einem Strahlenkranz umgeben.

Welcher Altar gefällt dir am besten? . . . .

Ist dir aufgefallen, dass alle Altäre aussehen wie Schränke mit zwei Türen, die man zuklappen kann? Geöffnet wurden sie früher nur an Sonn- und Feiertagen. Die Rückseiten der Türen sind auch schön bemalt. Die Altäre und Fenster erzählen Geschichten aus der Bibel. So wurden sie auch für Menschen verständlich, die nicht lesen konnten.

Die modernen Glasfenster hinter dem Hauptaltar sind vier schönen Festen gewidmet: Es gibt ein Weihnachtsfenster, das von der Geburt Christi erzählt, ein Osterfenster mit der Leidensgeschichte des Gottessohns und seinem Tod am Kreuz, ein Christi-Himmelfahrt-Fenster mit seiner Rückkehr zu Gott und ein Pfingstfenster, auf dem die Aussendung des Heiligen Geistes zu sehen ist. Besonders leuchtend sind die großen Glasfenster, wenn die Sonne scheint.

Welches Fest ist auf dem linken Fenster hinter dem Altar zu sehen?

. . . .

Hier kannst du ein eigenes Fenster ausmalen.

Besonders eindrucksvoll ist auch die berühmte Orgel von Arp Schnitger. Das Musikinstrument wurde 1693 fertig gestellt und hat fast 4000 Pfeifen. Es ist die größte **Barock**orgel in Nordeuropa. Die größten Pfeifen sind 8,50 Meter lang und die kleinsten sind kleiner als ein Bleistift. Der berühmte Komponist Johann Sebastian Bach soll schon darauf gespielt haben.

Jeden Donnerstag um 12 Uhr kannst du an einer Orgelführung teilnehmen. Es ist kostenlos.

Geh einmal um die schöne barocke Kanzel aus buntem Marmor und mit Goldverzierungen herum. In einer Inschrift erfährst du, dass die Kanzel 1715 ausgebessert wurde.

Sieh dir die Inschrift genau an! Welches Wort ist nach den heutigen Rechtschreibregeln falsch geschrieben?

. . . .

Im linken Kirchenschiff findest du auf einer Säule die Figur des heiligen Jacobus. Er hält einen Wanderstab in seiner rechten Hand und ist wie ein Pilger gekleidet. Er hat einen langen Weg vor sich. Santiago de Compostela, die spanische Stadt in der Nähe des Atlantischen Ozeans, ist sein Ziel. Der weite Umhang schützt ihn vor Wind und Wetter ebenso wie die hohen Wanderstiefel und der große Hut mit der breiten Krempe. Daran befestigt ist die Jakobsmuschel. Damals brauchten die Pilger diese Muschel als Ausweis, um in den Herbergen übernachten zu können. Jakobus trägt ein dickes Buch unter seinem Arm. Daran erkennst du, dass er ein Apostel war. Die Lampe, die ihn anstrahlt, wirft einen ausdrucksvollen Schatten.

Hier kannst du eine Muschel malen.

Auf dem Gemälde an der linken Kirchenwand gegenüber dem Eingang kannst du dir anschauen, wie Hamburg im 17. Jahrhundert ausgesehen hat. Zu dieser Zeit wohnten 70 000 Menschen in der Stadt. Die sechs großen Kirchtürme gehören zu den fünf Hauptkirchen und dem Dom, der damals noch stand. Hamburg hatte noch einen Befestigungswall, damit die Menschen in der Stadt sicher leben konnten. Viele Pferde und Kühe weideten auf der Grasbrookinsel davor. Das Wasser der Elbe war wahrscheinlich noch nicht so verschmutzt wie heute, denn beim genauen Hinsehen erkennt man Frauen, die nackt in der Elbe baden. *(Wie der Grasbrock sich verändert hat, erfährst du im 9. Rundgang.)*

Finde die Kuh mit dem dringenden Bedürfnis.

Zu guter Letzt: Leckeren Kuchen hoch über den Dächern von Hamburg genießen und dabei noch ein gutes Werk tun. Diese Besonderheit erwartet dich im himmlischen Turmcafé. Leider ist es nur selten geöffnet. *(Bitte unter 30 37 370 nachfragen.)* Das Geld, das man dort ausgibt, wird Obdachlosen gespendet. Ein Fahrstuhl bringt dich nach oben. Beim Rundgang in der Kirchturmspitze kannst du dir schon einmal die Gebäude von oben ansehen, die wir später besuchen werden: zum Beispiel das Chilehaus und den Sprinkenhof. Bei dieser Gelegenheit erkennt man auch, dass sich auf dem Dach eines nahe gelegenen Kaufhauses ein großer Parkplatz befindet, den man von unten nie vermutet hätte. Nachdem uns der Fahrstuhl wieder nach unten gebracht hat, überqueren wir an der Ampel die Steinstraße und gehen in die Mohlenhofstraße.

Du hast dich gewiss schon gefragt, wo die vielen Leute hingezogen sind, nachdem man die letzten Gängeviertel in der Altstadt abgerissen hatte. Sie zogen zum Beispiel in den Altstädter Hof. Man begann 1935 diese große, ganz moderne Wohnsiedlung ohne Schornsteine zu bauen. Es war nämlich der erste Wohnblock in Deutschland, der ohne Kohleöfen auskam. Geheizt wurde mit Fernwärme und mit Elektrizität. Außerdem gab es für alle Bewohner Luftschutzräume im Keller. Man bereitete sich anscheinend schon zu diesem Zeitpunkt auf einen Krieg vor. (Der Zweite Weltkrieg begann 1939.)

Heiteres Beruferaten ...

... beim Altstädter Hof. So heißt die Häuserreihe auf der linken Straßenseite. Wenn du die Mohlenhofstraße entlanggehst, werden dir an der Fassade bestimmt die Steinfiguren auffallen. Kannst du die Berufe der Leute erkennen? Es sind ein Schornsteinfeger, ein Zimmermann, ein Maurer, ein Architekt, ein Postbote ...

Welches Tier hat sich dort versteckt? . . . .

Wir biegen um die Ecke in die Altstädter Straße. Nach ein paar Schritten findest du bald eine Treppe. Wir steigen die Stufen der Altstädter Twiete hoch und sehen uns im Innenhof das Relief des olympischen Fackelläufers an. Er weist dich darauf hin, dass 1936 die Olympischen Spiele in Berlin stattfanden und dass die Häuser in dieser Zeit gebaut wurden.

Was ist über dem Fackelläufer zu sehen und wo fanden die Olympischen Sommerspiele 2008 statt?

. . . .

Stein auf Stein

Du steigst die Treppen wieder hinunter zur Altstädter Straße. Ein Seemann, ein Bauer mit Obst und Gemüse und ein Blumenmädchen an der Hausfassade grüßen dich. Gegenüber siehst du ein riesiges Kontorhaus: den Sprinkenhof. 6 000 000 Backsteine wurden beim Bau des Sprinkenhofs benötigt. Es ist das größte Gebäude im Kontorhausviertel und wurde von 1927 bis 1943 in drei Abschnitten gebaut. Es galt sogar einmal als das größte Bürogebäude der Welt.

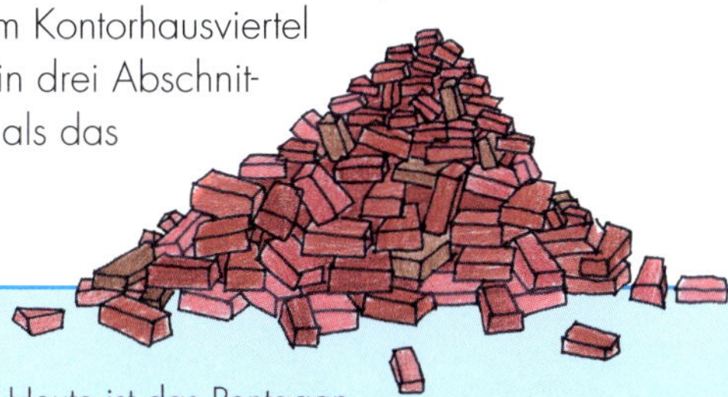

Hans und Oskar Gerson und Fritz Höger haben den gewaltigen Bau entworfen. Heute befinden sich dort Büros, Geschäfte und Restaurants. Die gesamte Außenfassade ist mit einem Rautennetz aus Backsteinen überzogen. Keramikrosetten mit verschiedenen Zeichen von Handel, Seefahrt und Industrie schmücken das Rautennetz.

> Heute ist das Pentagon in Washington (USA) das größte Bürogebäude der Welt. Dort sitzt das Kriegs- und Verteidigungsministerium der amerikanischen Regierung. Es wurde 1943 fertig gestellt und kostete etwa 83 Millionen Dollar. Wenn man einmal um das Gebäude geht, dann hat man 1,4 Kilometer zurückgelegt. Im Internet kannst du unter www.guinnessworldrecords.de noch andere Rekorde finden.

Der Sprinkenhof hat einen überbauten Durchgang, die Springeltwiete. Wir gehen in diese Gasse. Hinter dem halben Rundturm im Innenhof versteckt sich eine schöne Wendeltreppe. Sind dir die gewölbten Fensterscheiben schon aufgefallen? Die Schmucksteine an der Fassade sind mit Goldfarbe bemalt. Am Ausgang der Springeltwiete zur Seite Burchardstraße kannst du eine steinerne Faust mit einem goldenen Hammer entdecken.

Sieh dir die Fassade genau an, denn du sollst einmal schätzen, wie viele Fenster das Gebäude insgesamt hat.

- ❑ *693*
- ❑ *1555*
- ❑ *3131*

Ein Schiff auf dem Land

Wir wenden nun den Blick nach rechts und sehen das erste und bekannteste Kontorhaus im Kaufmannsviertel der Altstadt: das Chilehaus. Wie ein mächtiges Schiff auf dem Trockenen! Diesen Eindruck bekommst du, wenn du vor dem gewaltigen Klinkerbau an der Ecke Buchardstraße und Pumpen stehst. Die Spitze ähnelt einem Schiffsbug und auch die gestuften Stockwerke mit den weißen Geländern an den Seiten erinnern an ein Schiffsdeck. Vorn am Bug – etwas klein für so ein großes Schiff – hockt ein chilenischer **Andenkondor** als **Galionsfigur**. In den Bogenverzierungen rechts und links daneben kannst du eine bunte Mischung aus Steinfiguren des Künstlers Richard Kuöhl entdecken. Wir gehen nach rechts die Burchardstraße entlang zur Fischerwiete. Mitten durch das mächtige Haus verläuft dieser Durchgang. Man hat ihn mit riesigen **Tudorbögen** überbaut. Achte auf die zwei hockenden Knabenfiguren. Einer der Knaben über deinem Kopf verrät dir, wann das Chilehaus gebaut wurde.

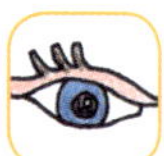

Wann wurde das Chilehaus gebaut?

Der andere Junge hält ein **Modell** des Gebäudes in seinen Händen, so, wie es öfter bei den Stifterfiguren in mittelalterlichen Kirchen zu sehen ist. Im rechten Seitengang grüßen dich ein Engel am niedrigen Deckengewölbe und gleich danach zwei spielende Affen. Geh nun zum Eingang A und wenn er offen ist,

Kannst du dir 4 800 000 rote Ziegel auf einem Stapel vorstellen? Gar nicht so einfach. Diese Menge und 750 Güterwagen voll Zement wurden angeblich beim Bau des Chilehauses verwendet. Es hat über 35 000 m² Fläche und gehörte vor dem **Zweiten Weltkrieg** zu den größten Bürogebäuden Deutschlands. Baumeister war wiederum der Architekt Fritz Höger, den du schon kennengelernt hast. Der Kaufmann Henry Sloman, der den Auftrag für das riesige Kontorhaus gab, muss sehr reich gewesen sein. Er verdiente sein Geld mit dem Handel von **Salpeter** aus Chile. Mit dem riesigen Kontorhaus wollte er die aufstrebende Macht der hanseatischen Wirtschaft nach dem **Ersten Weltkrieg** demonstrieren. Seit 1983 steht das Chilehaus unter Denkmalschutz.

schau dir den schönen, roten Hausflur an. Unten am Handlauf des Treppengeländers sitzen Schildkröten. Nun legen wir eine kurze Rast ein auf einer der Holzbänke in der runden Nische auf halbem Treppenabsatz.

Unheimliche Wärter

Wir gehen nun zur Straße Pumpen und treffen gegenüber auf ein Kontorhaus, das an den Seiten in Falten gelegt ist. Es ist der Meßberghof. Er hieß ursprünglich Ballin-Haus und wurde 1922–1924 ebenso wie der Sprinkenhof von den Architekten Hans und Oscar Gerson gebaut. Gefallen dir die modernen Bronzefiguren auf den Sockeln an der Außenfassade? Sie ähneln afrikanischen Holzfiguren. Eine Gedenktafel an der Stirnseite erinnert an die Opfer der **Konzentrationslager** in der Zeit des **Nationalsozialismus**. Eine Firma, die ihr Büro im Meßberghof hatte, belieferte die Lager mit giftigen Chemikalien, mit denen die Gefangenen ermordet wurden. Die beiden Eingänge im Meßberghof 1 könnten ihrem Aussehen nach auch in das Innere einer gotischen Kathedrale führen. Etwas gruselig sind einige Figuren an den Pfeilern, besonders der Tod als Knochenmann und das Ungeheuer mit den großen Zähnen. Es lohnt sich auf jeden Fall, die Scheu vor diesen Wächtern zu überwinden und einen Blick in das herrliche Treppenhaus zu werfen. Dich erwarten goldene Türen, ein Lurch und eine wunderschöne Wendeltreppe mit goldenen Geländersprossen, die sich in einer Spirale himmelwärts windet. Oben der krönende Abschluss: ein rundes, schmuckes Glasfenster. *(Besichtigung nur an Werktagen möglich.)*

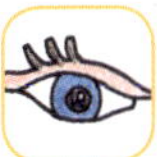

Auf einer Tafel an der Fassade im Eingangsbereich findest du eine Plakette der Patriotischen Gesellschaft für Denkmalpflege. Was ist dort zu sehen?

. . . .

Hallo, Herr Wachtmeister!

Schräg gegenüber dem Meßberghof, gleich neben dem Chilehaus am Klingberg, kommst du an dem historischen Gebäude der Polizeiwache von 1907 vorbei. Es sieht zwar aus wie ein

althamburgisches Bürgerhaus, aber so wurden früher auch öffentliche Gebäude gebaut. Das Haus war einst das Dienstgebäude der Landherrenschaft. Dort wurden die Landgebiete verwaltet, die zu Hamburg gehörten. Daran erinnert der Schmuck an der Fassade: Über der schön geschwungenen Eingangstür siehst du ein Mädchen mit Früchten und Getreide und einen Jungen mit einem Fisch.

Seite an Seite - alt und neu

Bist du schon müde oder noch bereit für einen Abstecher in das Nachbarkirchspiel St. Petri? Im Bereich der ältesten Hamburger Kaufmannssiedlung gibt es noch zwei schöne Bürgerhäuser zu entdecken. Dazu biegen wir nach rechts in die Depenau ein und wenden uns an der nächsten Ecke nach links in die Niedernstraße. Wir überqueren den Kattrepel und gehen geradeaus weiter. Im Schopenstehl stehen nun auf der linken Seite zwischen Neubauten diese Zeugen aus dem 18. und 19. Jahrhundert. Das Haus Nr. 31 wurde 1885 gebaut und hat eine Fassade im Stil der **Neorenaissance**. Gleich daneben in Nr. 32 und 33 findest du ein spiegelgleiches Doppelhaus mit einer Fassade von 1780 mit reichen Verzierungen, geschweiftem Giebel und **Rokoko**portal. Die angrenzenden Häuser sind aus der heutigen Zeit. Wie du hier gut erkennen kannst, werden die Verzierungen an den Häusern im Laufe der Jahrhunderte immer spärlicher.

„Jenseits von Afrika"

Jetzt hast du es bald geschafft. Wir überqueren nur noch den Alten Fischmarkt und gehen ein Stück in die Große Reichenstraße. Unser letztes Ziel im Rundgang ist ein besonders altes Kontorhaus. Das Afrikahaus in der Großen Reichenstraße Nr. 27 kannst du nicht verfehlen. Ein bärtiger afrikanischer Krieger aus Togo mit Lanze und Schild bewacht den Eingang. Der Architekt Martin Haller baute 1899 das Kontorhaus für die **Reederei** Woermann, die noch heute Handel mit Afrika betreibt. Die Farben Blau, Grün und Weiß der Reedereiflagge finden sich auf der Fassade wieder. Das schmiedeeiserne Tor ist mit goldenen Palmenwedeln geschmückt. Falls es offen ist, geh ohne Scheu in den Innenhof.

Dort bewachen zwei prächtige Elefanten mit gewaltigen Stoßzähnen den hinteren Eingang des Afrikahauses. Es scheint, als ob sie mit ihrer gewaltigen Kraft die Fassade durchbrechen. Sieh dir auch das schöne Wandmosaik über dem Eingang an.

Worauf hat es der kleine Affe abgesehen?

. . . .

Zum Schluss ein Kreuzworträtsel mit Begriffen aus dem Rundgang. Viel Spaß!

1. Französischer Kaiser
2. Schutzheiliger der Maler
3. Büro
4. Handelsgesellschaft mit eigenen Schiffen
5. Gotteshaus
6. Griechisches Fabelwesen
7. Die Kirche in diesem Rundgang
8. Figur am Bug eines Schiffes
9. Haustier
10. Dickhäuter
11. Ein Kontinent

Du bekommst das Lösungswort, wenn du die mittlere Spalte von oben nach unten liest.

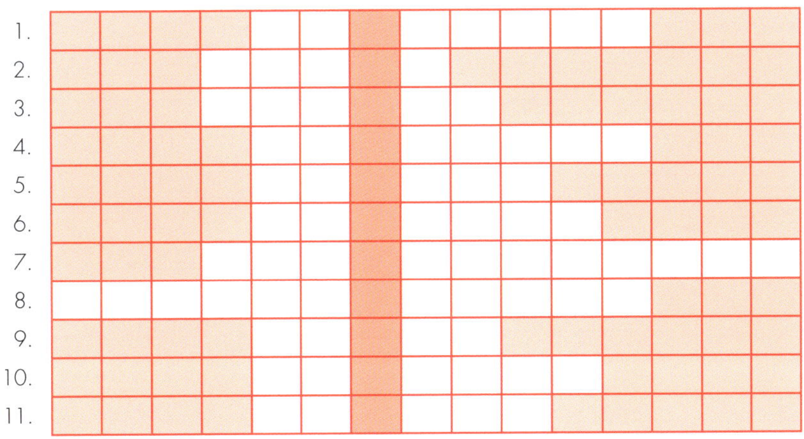

Hamburger-Türme-Experten-Rätsel

Für frisch gebackene Hamburg-Experten nun das Könner-Rätsel:

?

Diese Türme sind dir bei deinen Rundgängen begegnet. Kannst du sie zuordnen?

- ❑ St. Jacobi
- ❑ Michel
- ❑ Rathaus
- ❑ St. Nikolai
- ❑ St. Petri
- ❑ St. Katharinen

1 2 3 4 5 6

9. Rundgang

Ein Ausflug in die Zukunft und ein schillernder Glaspalast

In der HafenCity

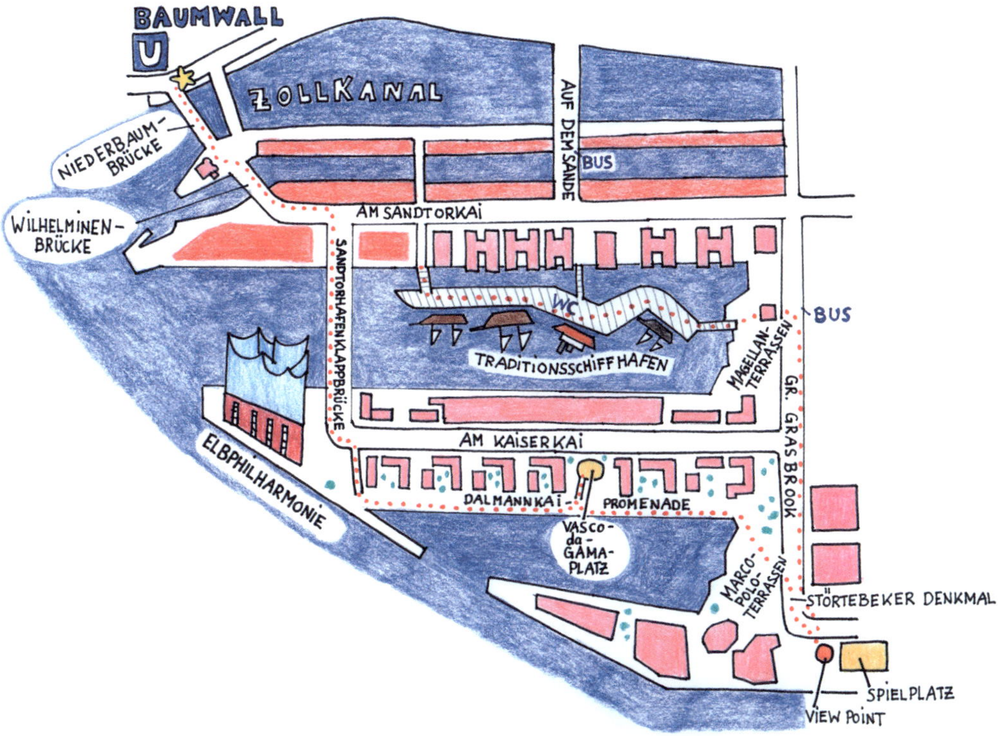

Startpunkt:
Baumwall

U-Bahn:
U3 Baumwall, Ausgang HafenCity

Junge, komm bald wieder

Nachdem wir uns bereits viel mit Hamburgs Vergangenheit beschäftigt haben, werfen wir heute einen Blick in die Zukunft der Hansestadt. Dazu treffen wir uns an der U-Bahn-Station Baumwall, dem zukünftigen Ausgangspunkt der Flaniermeile zur Elbphilharmonie, und überqueren den Zollkanal über die Niederbaumbrücke. Ab 1531 schützte zunächst eine doppelte **Palisaden**reihe mit Schwimm**baum** (genannt Niederbaum) die Einfahrt zum Binnenhafen. 1852 wurde er durch eine Drehbrücke ersetzt. Als keine größeren Schiffe mehr einliefen, baute man 1911 eine feste Brücke und zu guter Letzt zwei parallel verlaufende, feste Brückenkonstruktionen.

? *Wie lange schützte der Niederbaum die Hafeneinfahrt? .... Jahre*

Wir stehen nun an der Spitze einer kleinen Insel, die Kehrwieder heißt. Im Namen der Insel drückt sich die Hoffnung auf Rückkehr der fahrenden Seeleute aus. Dieser fromme Wunsch ist auch heute noch an die Matrosen gerichtet, die auf Schiffen den Hafen verlassen.

Ein stürmisches Revier

Auf der linken Seite erstreckt sich im Hintergrund das riesige Warenlager der Speicherstadt, die vor etwa 120 Jahren errichtet wurde. (4) Die alten Backsteinbauten erinnern an eine mittelalterliche Hansestadt. Auf der rechten Seite, im Schatten des riesigen Rundturms des Hanseatic Trade Centers, fällt ein altes „Backsteinschlösschen" mit zwei runden Ecktürmen auf. Es wurde am Ende des 19. Jahrhunderts für die Wache 2 der Hafenpolizei errichtet und steht unter Denkmalschutz. Vom seitlichen Balkon konnte der Revierwärter das Kehrwiederfleet gut überblicken und ein wachsames Auge auf das 1,5 km lange kostbare Warenlager der Speicherstadt werfen. Heute ist die

Wasserschutzpolizei zuständig für die Transportkontrolle gefährlicher Schiffsladungen.

Ist dir aufgefallen, dass hinter den unteren Fensterscheiben des Gebäudes keine Topfpflanzen, sondern Heizkörper zu sehen sind? Diese ungewöhnliche bauliche Maßnahme ist das Ergebnis von neuen Flutschutzverordnungen. Damit die Wachhabenden bei Sturmflut keine nassen Füße bekommen, wurde auch der Fußboden im Inneren der Polizeistation um 1,20 m höhergelegt.

Sieh dir das Wappen über der Eingangstür der Wache an. Welches Hafensymbol erkennst du?

Keine Auslegeware

Wir gehen nun weiter über die linke Seite der Wilhelminenbrücke. Achtung! Zu deinen Füßen liegt ein Orientteppich. Nur dass dieser nicht so flauschig ist wie in einem Wohnzimmer, sondern aus vielen kleinen, farbigen Steinchen besteht. Das Kunstobjekt von Frank Raendchen macht darauf aufmerksam, dass der Hamburger Hafen und die Speicherstadt als weltweit größter Handelsumschlagsplatz für **Orient**teppiche eine enorme Bedeutung haben.

Der Teppich ist ziemlich abgetreten. Hier hast du Platz, einen neuen zu zeichnen.

Große Pläne

Die Hamburger Innenstadt wächst in den nächsten Jahren bis an die Elbbrücken. Dieser neue Stadtteil ist die HafenCity. Damit erweitert sich die Fläche der Innenstadt um 40%. Bis 2025 werden hier Wohnungen für 12 000 Menschen gebaut und 40 000 sollen in der HafenCity einen Arbeitsplatz finden. Im Gegensatz zur jetzigen Innenstadt, in der nur wenige Leute wohnen, aber viele arbeiten, ist für die HafenCity eine bunte Mischung aus Wohn- und Bürogebäuden geplant. Auch für die Freizeitgestaltung wird gesorgt: Spiel- und Sportplätze, ein Fußballverein, neue Museen, die Konzerthalle Elbphilharmonie, ein Science Center und vieles mehr lassen bei Bewohnern und Besuchern keine Langeweile aufkommen.

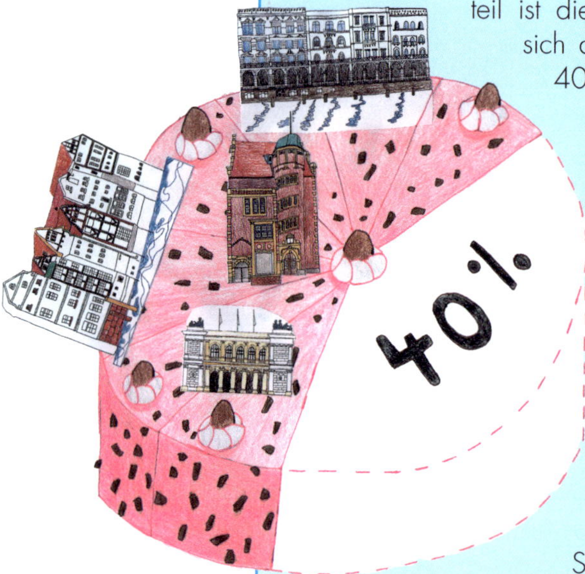

?

Wie alt wirst du im Jahr 2025 sein? .... Jahre

Der Kaiser bekommt eine gläserne Krone

Wir folgen der Straße Am Sandtorkai und biegen nach rechts in den Kaiserkai auf die Sandtorhafenklappbrücke. Der Sandtorhafen ist ein Tidehafen, der ohne Schleusensystem auskommt und im Winter durch das Steigen und Sinken des Wassers nicht zufriert. So konnten früher die Schiffe direkt an den Kais vor den Speichern festmachen und die Ladung löschen. Im Hintergrund liegen historische Schiffe, die du später genauer betrachten kannst. Rechts von uns sehen wir eine ziemlich große Baustelle mit vielen Kränen. Auf dieser Landzunge stehen die Reste des Kaispeichers A, der 1966 vom Architekten Werner Kallmorgen zur Lagerung von Tee, Tabak und Kakao gebaut wurde. Bis zur Zerstörung im Zweiten Weltkrieg stand dort das Wahrzeichen des Hafens, der Kaiserspeicher, der von den einlaufenden Seeschiffen direkt angefahren werden konnte. Das markante Gebäude von 1875 hatte auf seinem Turm eine Zeitballuhr von einem Meter Durchmesser, die mit der Sternwarte am Millerntor verbunden war. Um Punkt 12 Uhr wurde der Ball drei Meter tief fallengelassen. Mit Hilfe dieses Signals konnten die Kapitäne ihre **Chronometer** auf den Schiffen kontrollieren. Die genaue Zeitbestimmung war wichtig, um den exakten Kurs auf See halten zu können. Außerdem wussten dann die Arbeiter im Hafen, die damals noch keine Armbanduhren trugen, es ist Mittag.

Auf dem Sockel des Kaispeichers A entsteht nun ein Glaspalast mit wellenförmigem Dach, die Elbphilharmonie. Der Neubau wird dem ehemaligen Warenlager als Krone aufgesetzt. Dieses neue Wahrzeichen für Hamburg beherbergt dann nicht nur einen der besten Konzertsäle der Welt, sondern auch ein Hotel, Restaurants, Cafés, Wohnungen und das Klingende Museum für Kinder und Jugendliche. Dort kannst du dann ganz viele Instrumente ausprobieren *(s. Adressen und mehr)*. Das gewaltige Bauvorhaben der Schweizer Architekten Herzog & de Meuron, das 2012 eröffnet wird, hat auch einen gewaltigen Preis: Es wird ca. 450 000 000 Euro kosten.

Wie viele Eiskugeln könntest du dir von den Baukosten der Elbphilharmonie kaufen, wenn eine Kugel 0,50 € kostet?
... Kugeln

Wohnen und Leben am Wasser

Auf der linken Seite befindet sich ein großer neuer Wohnbereich der HafenCity. Wir biegen jedoch nicht in die Straße Am Kaiserkai ein, sondern gehen von der Brücke geradeaus zum Wasser. Im Grasbrookhafen werden in einigen Jahren viele Yachten und Motorboote liegen. Von hier aus hast du einen schönen Blick auf die Elbe und die **Werften** gegenüber. Mit ein bisschen Glück fährt ein Containerschiff vorbei, das von einem **Schlepper** an den richtigen Platz bugsiert wird.

Wir machen eine kleine Rast bei den terrassenartigen Grünflachen der Dalmannkaipromenade und beobachten die vorbeifahrenden Schiffe. Weiter geht's am Elbufer entlang der Kaimauer. Gefällt dir das Muster der Backsteine? Hast du schon bemerkt, dass die Neubauten keine ebenerdigen Eingänge haben? Die Wohnungen liegen ca. 8 m über **Normalnull** und sind so vor Hochwasser und Sturmfluten geschützt.

Zeichne ein Backsteinmuster für die Kaimauer.

Im letzten Drittel der Flaniermeile steigen wir links die Stufen hoch auf die Ebene der Wohnungen und kommen nun zum Vasco-da-Gama-Platz. Auf der gelben Fläche kannst du mit deinen Freunden Basketball spielen.

Welchen Beruf hatte Vasco da Gama und aus welchem Land stammte er?

. . . .

☞ *Tipp:* Lies die Inschrift an der Kaimauer.

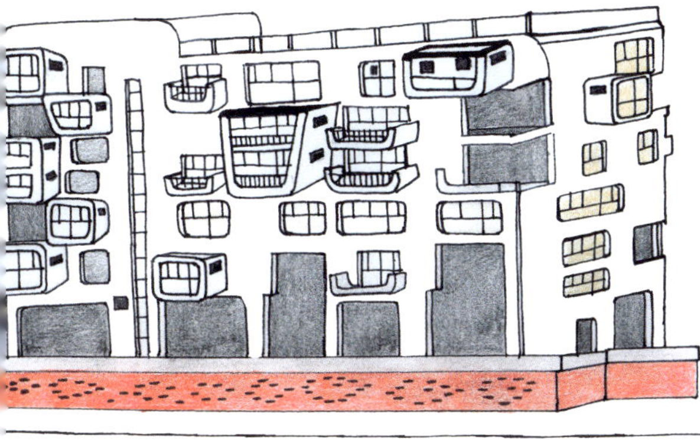

Wir gehen zurück ans Wasser und kommen am Ende der Promenade zu den Marco-Polo-Terrassen. Diese „Stadtlandschaft" mit den grünen Hügeln lädt zum Verweilen ein. Auf den großen Liegeflächen aus Holz kannst du bequem ein Sonnenbad nehmen und die Möwen beobachten, die nicht nur als Steinmosaik auf dem Boden zu erkennen sind, sondern auch in der Luft herumfliegen. Sind dir die Straßenlaternen aufgefallen? Sie sehen aus wie verstellbare, abgeknickte Schreibtischlampen.

Ein Schild weist auf eine Gefahr hin. Welche?

Ü _ _ _ F _ _ _ _ _ _ _ _ G _ _ _ _ _

Auf dem Großen Grasbrook angekommen, begegnen wir einem berühmten Schurken: Klaus Störtebeker, dem Schrecken der Handelsherren. Das bronzene Denkmal zeigt ihn aber schon als unschädlichen Häftling auf dem Weg zu seiner Hinrichtung. Sehnsüchtig blickt er noch einmal in Richtung Freiheit zum Grasbrookhafen. Seine Geschichte kannst du am Ende des Rundgangs nachlesen.

Der Grasbrook

Im Mittelalter lag der Grasbrook noch vor den Toren der Stadt. Hier gab es sumpfige Wiesen, auf die das Vieh getrieben wurde. Außerdem wurden die zum Tode Verurteilten, wie der Seeräuber Klaus Störtebeker, an diesem Ort hingerichtet. Im 19. Jahrhundert siedelten sich Industriebetriebe auf dem Grasbrook an. 1845 entstand das erste Gaswerk. Zwei Jahre zuvor hatte der hamburgische Senat beschlossen, die Straßenlaternen mit Gas anstatt mit Öl zu betreiben. Erst 1973 erlosch die letzte Gaslaterne. Nur drei Jahre später stellte das Gaswerk den Betrieb ein und die Gebäude wurden abgerissen. Die Produktion von Gas aus Kohle war sozusagen nicht mehr „in". Es gab jetzt Erdgas. Durch das Gaswerk war der Boden stark mit Giftstoffen verschmutzt. Die giftige Erde wurde inzwischen abgetragen, und jetzt wird das Gelände neu bebaut.

? Wer wurde zusammen mit Klaus Störtebeker hingerichtet?

. . . .

☞ *Tipp:* Du findest seinen Namen auf dem Gedenkstein.

Baustellen – Baukräne – Baulärm

Am Ende des Großen Grasbrooks leuchtet dir der orangefarbene View Point entgegen. Im Vergleich zu den großen Bürogebäuden und Wohnhäusern, die auf dem Strandkai entstehen, erscheint er winzig klein. Besonders auffällig ist der Marco-Polo-Tower. Der Wohnturm hat eine Höhe von 55 Metern und die 16 Stockwerke sind zueinander versetzt, so dass er nach oben hin deutlich breiter wirkt als unten. Aus der Vogelperspektive hat man eine fantastische Aussicht auf die Stadt und den Hafen.

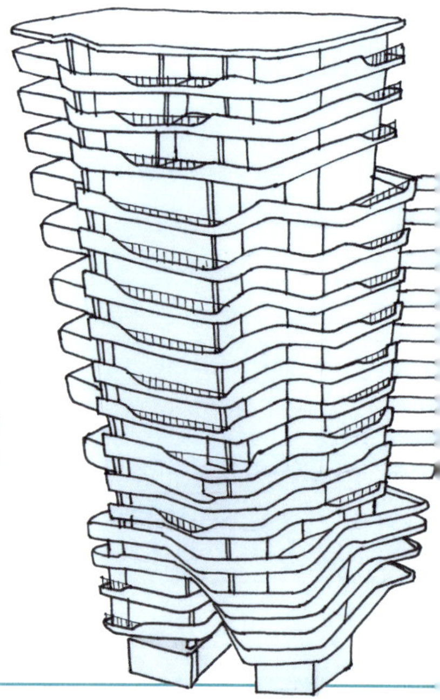

Unser nächstes Ziel ist die Plattform des View Points. Von dort oben kannst du die vielen Kräne zählen, die auf einer der größten Baustellen Europas versammelt sind. Besonders im Osten in Richtung Überseequartier gibt es noch viel zu tun. Anhand der Info-Tafeln kannst du dich informieren, wie die HafenCity in einigen Jahren aussehen wird. Vielleicht fährt aber auch gerade ein Containerschiff vorbei oder ein großes Kreuzfahrtschiff liegt am Cruise Center.

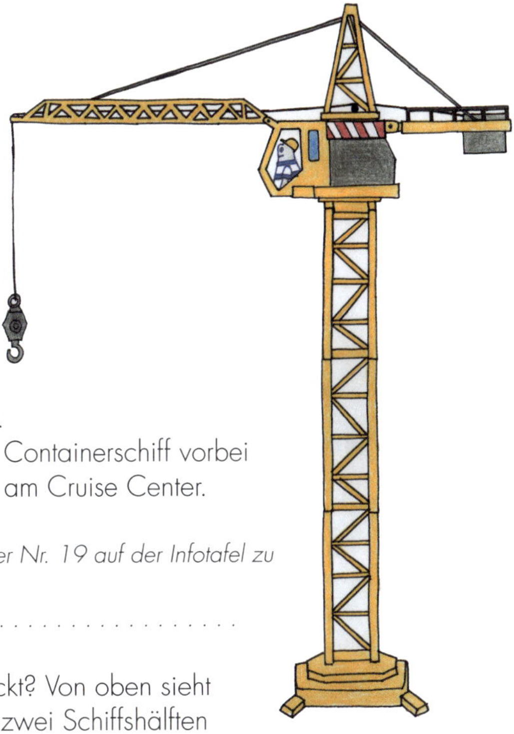

?

Welche Sehenswürdigkeit ist unter der Nr. 19 auf der Infotafel zu sehen?

. . . .

Hast du schon die Schatzinsel entdeckt? Von oben sieht man besonders gut, dass es sich um zwei Schiffshälften handelt. Möchtest du für eine Weile Seemann oder Pirat sein? Dann nichts wie hinunter auf den Spielplatz. Vielleicht bist du aber mehr interessiert an sportlichen Aktivitäten, dann sorgen eine Torwand und eine Tischtennisplatte für Abwechslung.

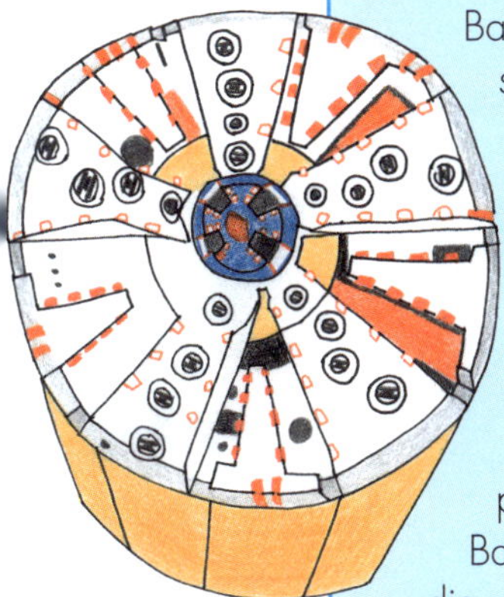

U4

Die HafenCity wird ab Dezember 2011 durch eine neue U-Bahn erreichbar sein. Die U4 verbindet dann die Innenstadt mit dem neuen Stadtteil. Überseequartier und HafenCity Universität heißen die beiden neuen Haltestellen. Seit Juni 2008 frisst sich eine riesige Bohrmaschine wie eine gefräßige Raupe durch den Boden. Sie schafft täglich etwa 10 Meter von der vier Kilometer langen U-Bahn-Strecke und heißt V.E.R.A. Das bedeutet **V**on der **E**lbe **R**ichtung **A**lster. Übrigens kannst du dir das Schneidwerk einer anderen großen „Raupe" auf dem Gelände des Museums der Arbeit in Barmbek ansehen. Die „Schwesterraupe" T.R.U.D.E. hat die vierte Röhre des Elbtunnels gebohrt.

Señor Magellan und die Skater

Der Rundgang führt dich den Großen Grasbrook entlang in Richtung Magellan-Terrassen. Auf der rechten Seite befindet sich die neue Grundschule. Ende 2008 lebten schon 1400 Menschen in der HafenCity, darunter 40 Kinder und Jugendliche. Damit die Kinder einen kurzen Schulweg haben, ist hier am Sandtorpark eine Grundschule entstanden. Und stell dir vor, ein grün berankter Pausenhof liegt auf dem Dach des Gebäudes.

Die Magellan-Terrassen auf der linken Seite sind nach dem portugiesischen Seefahrer Fernão de Magellan benannt. Die Terrassen sind auch bei Kindern und Jugendlichen sehr beliebt, denn sie eignen sich nicht nur zum Faulenzen in der Sonne, sondern auch zum Skaten. Hast du schon die Fischmotive an den Kaimauern entdeckt? Auf der linken Seite, am Dalmannkai, ragt ein alter Hafenkran in die Höhe. Mit ihm wurden früher schwere Lasten gehoben.

Ein Pavillon spielt Musik

Sicher ist dir schon der Pavillon Elbphilharmonie mit den vielen Trichtern aufgefallen, der bei den Magellan-Terrassen steht. Er informiert über das beeindruckende Bauwerk und über das Musikleben in Hamburg. Außerdem kannst du dir verschiedene Musikinstrumente anhören. In der Ferne ist der Kaispeicher A zu sehen, auf dem das neue Konzerthaus gebaut wird. Im zweiten Obergeschoss des Pavillons befindet sich ein Modell des Großen Konzertsaals der Elbphilharmonie. Falls der Ausstellungsraum geschlossen ist, kannst du einen Blick auf das Modell erhaschen, wenn du dich ein Stück weit vom Pavillon entfernt auf deine Zehenspitzen stellst.

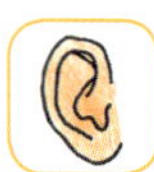

Weißt du, wie Celli und Kontrabässe klingen? Halte dein Ohr an die Trichter. Welches ist dein Lieblingsinstrument?

. . . .

Welches wichtige Arbeitsinstrument des Dirigenten Christoph von Dohnányi ist im Schaufenster des Pavillons zu sehen? Und wo wurde es hergestellt?

. . . .

Auf dem Wasser wandeln

Und weiter geht's zur ungewöhnlichsten Promenade Hamburgs. Gemeint ist die 380 Meter lange schwimmende Pontonanlage des Traditionsschiffhafens, die sich je nach Ebbe oder Flut hebt und senkt und sich somit dem Wasserstand der Elbe anpasst. Ist dir aufgefallen, dass die Häuser auf der rechten Seite am Sandtorkai weit über das Wasser ragen? So haben die Anwohner eine gute Sicht in den Hafen hinein.

Im Hafenbecken liegen eine Reihe von alten, aber voll fahrtüchtigen Schiffen aus längst vergangenen Zeiten. Wir schauen uns drei davon genauer an.

An erster Stelle liegt das Feuerlöschboot Repsold. Es ist aus Stahl und wurde 1941 in Hamburg-Finkenwerder gebaut. Bis 1984 war dieses Boot an allen Löscheinsätzen im Hamburger Hafen beteiligt. An seinem Bug trägt es das Hamburger Wappen.

Wer war Johann Georg Repsold und wann hat er gelebt?

. . . .

Die **viktorianische** Rennyacht Willow Wren wurde 1886 in Southampton gebaut. Der Name bedeutet Zaunkönig und sollte die Wendigkeit des Seglers hervorheben. Mit ihr wurden nicht nur Regatten gefahren, sondern auch Jagd auf Schmuggler gemacht. Später diente sie sogar als Hausboot. Seit 2002 segelt die Willow Wren unter deutscher Flagge.

Versuche diesen Seemannsknoten nachzubilden.

Seeleute verwenden den Achtknoten, um zu verhindern, dass Schiffstaue aus Ösen herausrutschen.

Im Traditionsschiffhafen liegt auch ein kohlebefeuerter Zweischraubendampfer aus Stahl. Es ist die Schaarhörn. Der Dampfer wurde 1908 in Hamburg-Steinwerder als Vermessungsschiff für den Hamburger Senat hergestellt. Da der Dampfer auch dazu genutzt wurde, Kaiser Wilhelm II. standesgemäß durch den Hamburger Hafen zu fahren, ist er sehr komfortabel ausgestattet. Sind dir die goldfarbenen Fensterrahmen aufgefallen?

Schau dir in Ruhe alle im Hafen liegenden alten Schiffe an. Auf welchem der Schiffe möchtest du am liebsten anheuern?

Schachmatt – müde – k.o.? Es gibt die Möglichkeit, per Bus in die Innenstadt zurückzufahren. Die Bushaltestellen sind in der Nähe des HafenCity InfoCenters an der Straße Auf dem Sande und bei den Magellan-Terrassen.

Noch voller Energie? Dann kannst du hier in der Nähe verschiedene Museen und Ausstellungen besuchen. (*Siehe „Adressen und mehr“.*) Bei dem vielfältigen Angebot wird die Wahl schnell zur Qual.

- Afghanisches Museum
- Deutsches Zollmuseum und Zollschiff
- Dialog im Dunkeln
- HafenCity InfoCenter
- Hamburg Dungeon
- Internationales Maritimes Museum (Schifffahrtsmuseum)
- Modelleisenbahn Miniatur Wunderland
- Prototyp (Automobilsammlung)
- Speicherstadtmuseum
- Spicy's Gewürzmuseum

WANTED

Eine kleine Piratengeschichte

Klaus Störtebeker ist wohl einer der berühmtesten Seeräuber. Die Hamburger haben ihm sogar ein Denkmal errichtet. Störtebeker heißt: *Stürz den Becher*. Der Seeräuber wurde von seinen Freunden so genannt, da er bei einem Wetttrinken als Einziger einen Vier-Liter-Becher in einem Zug leeren konnte. Man weiß nicht genau, was er getrunken hat, aber es war sicher keine Milch. Am Ende des 14. Jahrhunderts gab es einen Krieg zwischen Dänemark und Schweden. Störtebeker und seine Freunde schmuggelten Lebensmittel in die von den Dänen belagerte schwedische Stadt Stockholm. Da Lebensmittel damals auch Viktualien oder Vitalien hießen, nannte man die Männer Vitalienbrüder. Als der Krieg beendet war, zogen sie in die Nordsee und wurden zu Seeräubern. Die Männer hatten Gefallen an ihrer Arbeit gefunden und überfielen nun viele Hanseschiffe. In Hamburg wurde schließlich eine Flotte ausgerüstet, um Störtebeker und seine Kumpanen zur Strecke zu bringen. Nach einer blutigen Schlacht vor Helgoland wurden die Männer in Ketten nach Hamburg geführt und 1401 auf dem Grasbrook enthauptet. Über die Hinrichtung wird folgende **Legende** erzählt: Störtebeker hatte vor seiner Hinrichtung mit dem Rat vereinbart, dass von seinen Männern diejenigen begnadigt werden sollen, an denen er ohne Kopf vorbeilaufen kann. Auf diese Weise hat er elf Männern das Leben gerettet. Und es heißt, er wäre noch weiter gelaufen, wenn der Henker ihm nicht ein Bein gestellt hätte. Man steckte ihre Schädel zur Abschreckung auf Pfähle. Bei Bauarbeiten im Hafen wurden zwei Schädel gefunden, die mit Nägeln durchbohrt sind. Du kannst sie dir im hamburgmuseum ansehen!

Alle Spaziergänge in diesem Buch zeigen nur Ausschnitte von dem, was man in der Hamburger Innenstadt erkunden kann. Vielleicht fallen dir ganz andere Dinge auf, für die wir wiederum keinen Blick hatten. Wir würden uns freuen, wenn du uns schreibst, was du neu aufgespürt hast, was für dich besonders interessant war oder was du vermisst hast.

Bitte alle Vorschläge und Ideen an die folgende Adresse schicken:

Boyens Buchverlag
Autorinnen „Augen auf"
Wulf-Isebrand-Platz 1–3

25767 Heide

Oder du schickst eine Mail an: augenauf-hamburg@web.de.

An dieser Stelle möchten wir nicht versäumen, uns bei den Lektoren Harald Goller und Christin Springer zu bedanken, die alle Fehlerteufel aus den Seiten vertrieben haben und uns mit Rat und Tat zur Seite standen.
Dank sagen möchten wir allen, die uns mit Anregungen und Vorschlägen unterstützt haben.

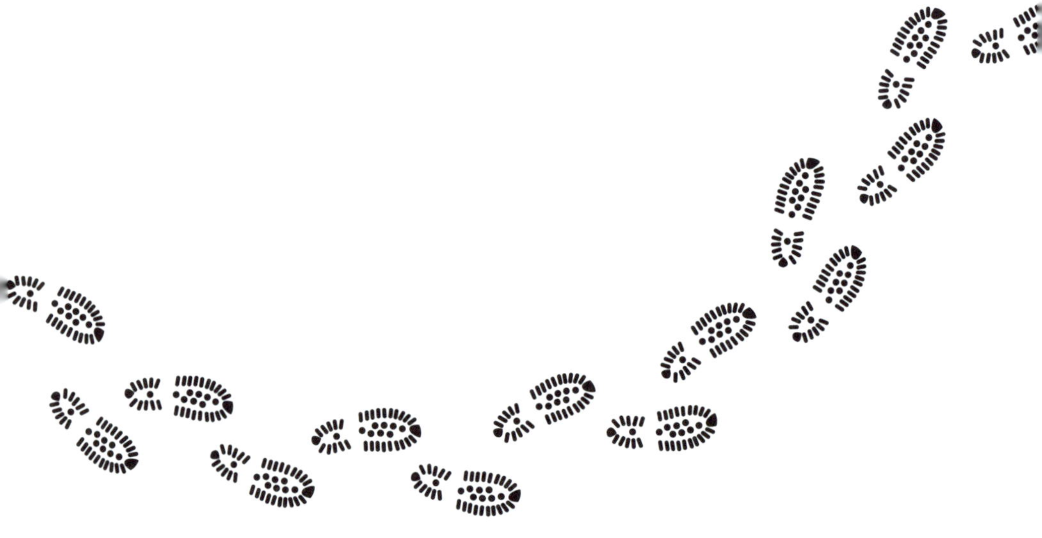

Was ist das?

Akustik ist die Lehre vom Schall.
Almosen sind kleine Spenden für Bedürftige.
Andenkondor ist ein großer Geier, der in Südamerika lebt. Er hat ein schwarzes Gefieder, eine weiße Halskrause und einen nackten Kopf und Hals.
Anstandsort ist ein altes Wort für Toilette.
Arkaden sind einseitig offene Bogengänge an Gebäuden.
Attrappe ist eine täuschend ähnliche Nachbildung.
Barkasse ist ein kleines Motorschiff für die Personenbeförderung.
Barock ist eine Kunstepoche und ein Baustil aus dem 17./18. Jahrhundert mit üppigen, schwungvollen Formen und vielen Schmuckelementen.
Baum bedeutet hier eine Sperre, die aus einem Baumstamm bestand, der nur an einem Ende befestigt war und über eine Hafeneinfahrt, quer zur Fahrrinne, gelegt werden konnte.
Böttcher stellten die Holzfässer her, in denen Lebensmittel gelagert wurden.
Cholera ist eine lebensgefährliche, ansteckende Krankheit. Sie äußert sich durch Brechdurchfall.
Choral ist ein Kirchenlied.
Chronometer ist eine genau funktionierende mechanische Uhr, die auf Schiffen und in Flugzeugen eingesetzt wird.
Epidemie ist ein besonders häufiges Auftreten einer Krankheit in einem bestimmten Gebiet.
Erker ist ein geschlossener, überdachter Vorbau mit Fenstern an der Hauswand.
Erster Weltkrieg – er dauerte von 1914 bis 1918. Etwa 10 Millionen Menschen starben.
Ewer ist ein kleines Segelschiff mit flachem Boden, das einen oder zwei Masten hat und Waren befördert.
Fleete nennt man die kleinen Kanäle in Norddeutschland und besonders in Hamburg, die von Ebbe und Flut abhängig sind.
Galionsfigur ist eine geschnitzte Figur an der Bugspitze eines Segelschiffes.
Gängeviertel sind Stadtviertel mit schmalen Gassen und einfachen Fachwerkhäusern.

Genossenschaft ist ein Zusammenschluss von Handwerkern oder Leuten mit gleichen Berufen, die gemeinsame Geschäftsinteressen verfolgen und sich gegenseitig unterstützen.
Gotik ist eine Stilrichtung aus dem 12.–15. Jahrhundert. Ihre Kennzeichen sind Spitzbögen und Rippengewölbe.
Handwerkergilde oder Zünfte sind ältere Namen für eine berufliche Vereinigung. Zünfte gab es seit dem Mittelalter bis zum 19. Jahrhundert. Sie regelten die Größe des Betriebes, den Preis der Produkte und kümmerten sich um die Familien der verstorbenen Mitglieder. Nur wer einer Zunft angehörte, durfte ein bestimmtes Handwerk oder Gewerbe ausüben.
Hieven meint in der Seemannssprache Lasten hochheben.
Jugendstil ist ein künstlerischer Stil um die Wende zum 20. Jahrhundert. Seine Merkmale sind geschwungene Linien und pflanzliche Verzierungen.
Kirchspiel ist der Bezirk einer Kirchengemeinde.
Koggen sind bauchige Segelschiffe, die besonders die Kaufleute der Hanse benutzten.
Kolonialwaren nannte man früher Waren, die aus tropischen und subtropischen Ländern kamen, z. B. Kaffee, Tee, Kakao, Gewürze und Südfrüchte. Tropische Länder sind Gebiete mit ständig hohen Temperaturen.
Kontorhäuser heißen heute Bürohäuser.
Konzentrationslager ist eine Art Gefängnis, in dem Menschen gefangen gehalten werden, die nicht den Vorstellungen einer Regierung entsprechen. Heute verbindet man mit diesem Wort vor allem die Vernichtungslager der Nationalsozialisten, in denen 6 Millionen Juden umgebracht wurden.
Krypta ist ein gewölbter Raum, der unter einer Kirche liegt. Sie dient als Grabstätte.
Labyrinth ist ein Gelände mit unübersichtlichen, in die Irre führenden Gängen. Ein Irrgarten ist auch ein Labyrinth.
Legende ist die Lebensgeschichte eines Heiligen. Das Wort meint aber auch eine sagenhafte, unglaubwürdige Geschichte.
Marsch ist ein flaches, fruchtbares Land hinter Deichen.
Modder ist ein norddeutsches Wort für Schlamm.
Modelle sind genaue Nachbildungen von richtigen Gegenständen, nur viel kleiner.
Nationalsozialismus meint die politische Bewegung, die in Deutschland in der Zeit von 1933 bis 1945 herrschte. Diese Zeit war geprägt von Unterdrückung, Verfolgung und Krieg.

Neobarock (neo = neu) ist ein Baustil, bei dem ein Gebäude so aussieht wie im Barock (17./18. Jahrhundert). Es wurde aber nicht in der eigentlichen Barockzeit errichtet, sondern später.
Neorenaissance (neo = neu) ist ein Baustil, bei dem ein Gebäude so aussieht wie in der Renaissance (14.–16. Jahrhundert). Es wurde aber nicht in der eigentlichen Renaissancezeit errichtet, sondern viel später (19. Jahrhundert).
Oase ist ein fruchtbarer Ort in der Wüste.
Orient heißt Osten und bezeichnet das Morgenland, denn dort geht die Sonne zuerst auf. Im Gegensatz dazu wohnen wir im Okzident, dem Abendland.
Palisaden sind dicht nebeneinander stehende Pfähle, die als Hindernis dienen.
Paternoster ist ein Aufzug mit mehreren übereinander angeordneten Kabinen ohne Türen, die fortwährend nach oben oder nach unten fahren.
Patriot ist jemand, der sein Vaterland liebt.
Putten sind kleine, nackte Kinderengel.
Pyramide ist ein Körper mit einem Vieleck als Grundfläche, der nach oben hin in einer Spitze endet. Im alten Ägypten hatte ein Königsgrab die Form einer Pyramide.
Quiddje ist ein hamburgischer Begriff für Zugereiste oder Nichthamburger.
Reederei ist ein Handelsunternehmen mit eigenen Schiffen, die Personen oder Waren befördern.
Renaissance ist eine Kunstepoche und ein Baustil aus dem 14.–16. Jahrhundert. Das französische Wort bedeutet „Wiedergeburt". Die Meister der Renaissance übernahmen die Vorbilder der alten Griechen und Römer aus dem Altertum (Antike) mit einfachen, klaren Formen.
Rokoko ist ein Kunststil aus dem 18. Jahrhundert mit zierlichen Formen.
Runen sind Schriftzeichen der Germanen.
Salpeter ist der Name für Salze der Salpetersäure, die Nitrate. Er wird zum Beispiel in Chile gewonnen und dient zur Herstellung von Farbstoffen, Schieß- und Sprengstoff und Düngemittel.
Sanierung bedeutet hier Renovieren, Abreißen von alten Gebäuden oder Bau von neuen Häusern, um sie neuen Bedürfnissen anzupassen.
Schinder hießen früher Männer, die tote und nicht verwertbare Tiere abhäuteten und entsorgten.
Schlepper ist ein kleines, zugkräftiges Motorschiff, das die großen Containerschiffe zu ihrem Liegeplatz zieht oder bugsiert (drückt).

Schutzpatrone sind Heilige, von denen sich die Menschen Schutz erhoffen.
Senator/Senatorin ist eine Person, die in den Senat gewählt wurde und die Stadt mitregiert.
Stola ist ein Umhang.
Synagoge ist ein jüdisches Gotteshaus.
Tudorbögen sind flache, spitze Bögen im gotischen Baustil, die nach dem englischen Königsgeschlecht benannt wurden.
Viktorianisch bezieht sich auf die Regierungszeit der englischen Königin Viktoria, von 1837 bis 1901.
Werft ist ein Betrieb, in dem Boote und Schiffe gebaut und repariert werden.
Zunft – siehe Handwerkergilde.
Zweiter Weltkrieg – er dauerte von 1939 bis 1945. In diesem Krieg starben mindestens 62 Millionen Menschen.

?

Im Kinderstadtführer haben sich eine arme Kirchenmaus und eine reiche Pfeffersack-Ratte versteckt. Hast du sie gefunden?
Seite .... und ....

Alles richtig?

Bevor du losgehst …

Seite 6 • Freunde, Geschwister, Erwachsene passen natürlich nicht in den Rucksack.

Hamburg im Mittelalter

Seite 17 • 192 Pfennige

1. Bauten auf Pfählen und Schiffe auf Dächern

Seite 22 • Karl der Große und Friedrich Barbarossa (Rotbart)
Seite 23 • Schlachter, Schuhmacher, Schlosser, Bäcker, Maler, Tischler, Brauer …
Seite 24 • Zwei Löwen
Seite 25 • Küche
Seite 25 • Europa ist der fünfte Kontinent.
Seite 25 • Es sind vier Frauen, die du auf der linken Seite des Aufgangs zum Senat findest.
Seite 27 • Den Seefahrer erkennt man am Steuerrad.
Seite 27 • 10 Leute
Seite 28 • In der Kaffeebörse wurde mit Kaffee gehandelt.
Seite 29 • Alte Bankhalle
Seite 30 • Der Erzbischof hat einen Stab und hält eine Kirche in seiner Hand.
Seite 30 • Den Neptun erkennt man am Dreizack.
Seite 31 • Der heilige Christophorus ist z. B. der Schutzheilige der Autofahrer.
Seite 33 • „Nimm meine Hand und ich führe dich zu dir zurück."
Seite 35 • „Am Markt lernt man die Leute kennen."

2. Vom Schwanenvater und dem Venedig des Nordens

Seite 38 • Der alte Löwe hat Löffelohren, Stirnfalten, Mandelaugen und eine breitere Nase.
Seite 38 • Die Wohnhäuser sind unmittelbar an die Kirche gebaut.
Seite 39 • Von 1480 bis 1640 sind 160 Jahre.
Seite 41 • Seinen Kopf

Seite 42	•	Schafe, Rinder und Schweine
Seite 42	•	Einen großen Anker
Seite 42	•	Schwert
Seite 43	•	Telemann ist in Magdeburg geboren.
Seite 43	•	Der Stein erinnert an Max Mendel, der von 1925 bis 1929 Senator in Hamburg war und 1942 im Konzentrationslager Theresienstadt gestorben ist.
Seite 46	•	Nahrungsmittel, Biscuits
Seite 46	•	Buch
Seite 48	•	12 Säulen
Seite 48	•	Schwan

3. Feuersbrunst und Piratenschatz

Seite 54	•	Elefant
Seite 54	•	Fische, Kraken, Krokodile, Hummer und Seepferdchen
Seite 56	•	Zwei Pelikane
Seite 57	•	Richtig muss es heißen: „Kooplüd, Koggen und Janmooten sünd de richtigen Hanseooten." Das ist plattdeutsch und heißt: „Kaufleute, Koggen und Matrosen sind die richtigen Hanseaten."
Seite 57	•	Der Türgriff ist eine geballte Faust.
Seite 58	•	Die Glocke stammt aus dem Jahre 1454.
Seite 59	•	17.2.1962

Seite 60 •

Weihnachtsfenster	3	Leib Christi Altar (Osten)	6
Heilige Katharina	4	Glocke	2
Flutmarke	1	Kanzel	5

4. Alte Speicher und Hamburger Pfeffersäcke

Seite 65	•	Christoph Columbus entdeckte Amerika.
Seite 67	•	Teppiche
Seite 69	•	Bilderrätsel: Speicherstadt
Seite 69	•	Oma
Seite 69	•	1888
Seite 71	•	1886/87
Seite 71	•	Europa und die Hamburger Stadtgöttin Hammonia
Seite 72	•	Richtig muss es heißen: Kaffee, Flut, Teppiche, Quartiersleute, Schute, Ebbe.

5. Wo die Schiffe schaukeln und die Brücken schwimmen

Seite 76 • 37 040 m = 37,04 km
Seite 77 • Malen nach Zahlen: Segelschiff
Seite 78 • 3 Masten
Seite 78 • Die Cap San Diego ist 62 m länger als die Rickmer Rickmers.
Seite 78 • 50 m
Seite 79 • Am Uhrenturm befinden sich natürlich nicht die Bremer Stadtmusikanten. Es sind die Köpfe von Walrossen.
Seite 80 • „Vor hundert Jahren haben viele Menschen auf der Insel Steinwerder in Werften und Hafenbetrieben gearbeitet. Da es zu viele waren, um alle per Fähre über die Elbe zu ihren Arbeitsplätzen zu bringen, entschloss man sich, den Elbtunnel zu bauen. So konnten sie zu Fuß zur Arbeit gelangen. Der Elbtunnel wurde 1911 eröffnet und galt als technisches Wunderwerk."
Seite 81 • Aale, Seesterne, Schnecken, Hummer, Delfine und sogar Ratten
Seite 81 • In dem Buchstabenkasten sind die folgenden Wörter versteckt: Segel, Werft, Amerika, Reederei, Knoten, Elbtunnel, Hafen.

T	H	K	Ö	N	I	S	A	W	H	U	H	D	R	J	Q
E	O	H	K	R	A	M	E	R	I	K	A	E	R	C	D
I	E	T	R	F	J	L	L	N	L	D	F	Y	F	Ö	L
B	S	P	A	T	G	L	B	X	B	P	E	A	D	V	N
I	C	N	F	Ö	L	O	T	A	E	B	N	M	Ä	P	Ü
Z	U	R	T	E	Ö	S	U	Z	K	S	I	L	H	F	J
O	E	D	K	I	F	K	N	O	T	E	N	M	R	O	T
W	P	Ü	L	K	U	S	N	S	C	G	F	M	V	A	D
P	S	C	H	I	M	R	E	E	D	E	R	E	I	T	V
R	H	U	D	E	H	Y	L	K	L	L	C	X	O	P	Y

6. Von Turmbläsern und Puppenstuben

Seite 84 • 10 m
Seite 84 • Orange
Seite 85 • Wir schreiben arabische Zahlen.
Seite 85 • 1911
Seite 86 • 453 Stufen

Seite 88 • „Dein Leben war so sauer wie die Zitronen. Soll das Erinnern an dich lohnen? Dein Schicksal verweist auf all die Leute, für die das Glück gar keine Zeit hat."

Seite 88 • Waage

Seite 89 • Wasserleitung, elektrisches Licht, Heizung

Seite 89 • Die schwedische Flagge ist blau/gelb.

7. Pesthöhlen und Leichenkarren

Seite 94 • Links die Mädchen, rechts die Jungen

Seite 95 • Matthias Claudius. Er lebte von 1740 bis 1815. Von ihm stammt folgendes Abendlied:

„Der Mond ist aufgegangen
Die gold'nen Sternlein prangen
Am Himmel hell und klar
Der Wald steht schwarz und schweiget
Und aus den Wiesen steiget
Der weiße Nebel wunderbar."

Seite 95 • Johannes Brahms wurde in der Speckstraße 60 geboren.

Seite 96 • Labyrinth:

Seite 97 • Pelikan

Seite 98 • 1676

Seite 98 • Katze

Seite 98 • Die Männer bauen ein Schiff.

Seite 99 • Es sind vier Kinder. Das fünfte findest du an der Fassade des gegenüberliegenden Hauses an der Ecke Breiter Gang.

Seite 101 • Harfe

Seite 101 • Kindheit

8. Ein himmlisches Café und ein Schiff auf dem Trockenen

Seite 106 • 10 Schweine
Seite 107 • Bär
Seite 107 • Schlange
Seite 108 • Kellner, Hotelpage, Bote
Seite 109 • Sonne und Mond
Seite 110 • 2005 wurde die Kirche 750 Jahre alt.
Seite 110 • 11 Personen
Seite 111 • Tasse/Schale
Seite 111 • Weihnachten
Seite 112 • „Reparirt" schreibt man heute „repariert".
Seite 114 • Katze
Seite 114 • Die fünf olympischen Ringe; 2008 fanden die Olympischen Spiele in Peking, der Hauptstadt von China, statt.
Seite 115 • 3131 Fenster
Seite 116 • Das Chilehaus wurde von 1922 bis 1924 gebaut.
Seite 117 • Bienenkorb
Seite 119 • Der Affe möchte die Kokosnuss.
Seite 119 • 1. Napoleon, 2. Lukas, 3. Kontor, 4. Reederei, 5. Kirche, 6. Zentaur, 7. Jacobikirche, 8. Galionsfigur, 9. Katze, 10. Elefant, 11, Afrika. Lösungswort: Paternoster

Hamburger-Türme-Experten-Rätsel

Seite 120 • 1. St. Katharinen, 2. St. Jacobi, 3. St. Petri, 4. St. Nikolai, 5. Rathaus, 6. Michel

9. Ein Ausflug in die Zukunft und ein schillernder Glaspalast

Seite 122 • 321 Jahre
Seite 123 • Anker
Seite 126 • 900 000 000 Eiskugeln!
Seite 127 • Vasco da Gama war ein portugiesischer Seefahrer. Er lebte von 1469 bis 1524.

Seite 127 • Überflutungsgefahr
Seite 128 • Gödeke Michels
Seite 129 • Internationales Maritimes Museum
Seite 131 • Taktstock, New York
Seite 131 • Johann Georg Repsold war der Gründer der Hamburger Berufsfeuerwehr. Er lebte von 1770 bis 1830. Er kam bei einem Löscheinsatz ums Leben.
Seite 138 • Seite 70 (Pfeffersack-Ratte) und 111 (Kirchenmaus)

Hamburg von A bis Z

Adressen und mehr

Afghanisches Kunst- und Kulturmuseum, Am Sandtorkai 32/1, 20457 Hamburg, Tel. (0 40) 37 82 36, www.afghanisches-museum.de, tägl. 10–17 Uhr. Kinder unter 12 Jahren 1,50 €, Erwachsene 3 €, ermäßigt 2,50 €, Familien 7 €. Dort erfährst du, wie man in Afghanistan lebt, auf traditionelle Weise Brot backt und wie ein Teppich geknüpft wird.

Alster-Touristik GmbH, Anleger Jungfernstieg, 20354 Hamburg, Tel. (0 40) 35 74 240, www.alstertouristik.de. Mit den Alsterschiffen kannst du verschiedene Touren wie Alster- und Fleetfahrten machen. Hamburg vom Wasser aus zu erleben, bedeutet, die Stadt neu kennenzulernen.

Altonaer Museum, Museumsstraße 23, 22765 Hamburg, Tel. (0 40) 42 81 35 35 82, www.altonaermuseum.de, Di–So 10–18 Uhr. Kinder/Jugendliche bis 17 Jahre frei, Erwachsene 6 €, ermäßigt 3,50 €, Familien 10 €. Alte Schiffe, Bauernhausmodelle, Trachten und vieles mehr aus Norddeutschland kannst du dir dort ansehen. Es ist spannend, im Kinderbuchhaus in die Welt der Bücher einzutauchen und Autoren kennenzulernen. Außerdem wartet in einem Laden altes Spielzeug auf deinen Besuch.

Ballinstadt, Auswandererwelt Hamburg, Veddeler Bogen 2, 20539 Hamburg, Tel. (0 40) 31 97 91 60, www.ballinstadt.de, tägl. 10–18 Uhr. Schönste Anreise mit der Barkasse stündlich ab Landungsbrücken. Erwachsene 9,80 €, ermäßigt 8,50 €, Kinder (5–12 Jahre) 6,50 €, Familien 22 €. An diesem historischen Ort werden spannende Geschichten über Menschen erzählt, die per Schiff in die Neue Welt ausgewandert sind. Du kannst auch nach deiner eigenen Familie forschen oder spielerisch selbst zum Auswanderer werden.

Bischofsturm, Kreuslerstraße 4, 20095 Hamburg, Tel. (0 40) 32 57 400, Mo–Fr 10–13 Uhr und 15–17 Uhr. Kinder frei, Erwachsene 1 €. Hier gibt es Informationen zur Hammaburg und zu den zahlreichen Fundstücken von Ausgrabungen.

Bootsverleih unter www.hamburg-tourism.de/Bootsverleih.1098.0.html. Mit einem Boot bist du dein eigener Kapitän, aber nur in Begleitung Erwachsener.

Deutsches Zollmuseum und Zollschiff, Am Wandrahm 16, 20457 Hamburg, Tel. (0 40) 30 08 76 11, www.museum.zoll-d.de, Di–So 10–17 Uhr. Eintritt und Führungen bis 17 Jahre frei, Erwachsene 2 €.

Dialog im Dunkeln, Alter Wandrahm 4, 20457 Hamburg, (0 40) 30 96 34 44, www.dialog-im-dunkeln.de, Di–Fr 9–17 Uhr, Sa 10–20 Uhr, So 11–19 Uhr, Bookingline: 07 00 44 33 20 00. Kinder bis 14 Jahre 6 €, Erwachsene 14 €, ermäßigt 9 €, Familien 38 €, erweiterte Tour 4 € Zuschlag. Die Ausstellung kann nur geführt besucht werden, daher bitte telefonisch anmelden. Dauer: 60/90 Min. Zu sehen gibt es hier nichts, zu erleben eine ganze Menge. Blinde Menschen führen dich durch die Räume, in denen eine Stadt, ein Park und mehr nachgebildet sind. Achtung: Es ist stockdunkel in den Räumen! Du solltest keine Angst vor der Dunkelheit haben.

Fahrplanauskünfte für Bus und Bahn erhält man unter der Telefonnummer (0 40) 19 449 und unter www.hvv.de.

Fischmarkt entlang der Elbe auf der Großen Elbstraße bis zur Fischauktionshalle, im Sommer sonntags ab 5 Uhr, im Winter ab 7 Uhr! Frühes Aufstehen lohnt sich. Hier wird gehandelt und gefeilscht, dass dir die Aale und Bananen um die Ohren fliegen. Aber auch Hühner, Enten, Kaninchen und Gänse stimmen ein in das „Fischmarktkonzert". Wer noch nie auf dem Hamburger Fischmarkt war, der hat etwas versäumt.

Freilichtmuseum am Kiekeberg, Am Kiekeberg 1, 21224 Rosengarten-Ehestorf, Tel. (0 40) 7 90 17 60, www.kiekebergmuseum.de, März bis Okt. Di–Fr 9–17, Sa/So 10–18 Uhr, Nov. bis Feb. Di–So 10–16 Uhr. Kinder bis 17 Jahre frei, Erwachsene 7 €, ermäßigt 6,50 €. Auf dem großen Gelände mit Fachwerkhäusern aus dem 18. und 19. Jahrhundert kannst du viele Haus- und Nutztiere streicheln. Altes Handwerk und typische Haus- und Hofarbeiten werden dir gezeigt. Es gibt Mitmachaktionen und ein großes Sommerferienprogramm.

Garten der Schmetterlinge im Sachsenwald, Am Schlossteich 8, 21521 Aumühle/Friedrichsruh, Tel. (0 41 04) 60 37, www.garten-der-schmetterlinge.de, ab 20. März bis 23. Nov. tägl. 9–18 Uhr, Nov. 10–

17 Uhr. Kinder/Studenten 3,50 €, Schulklassen pro Pers. 3 €, Erwachsene 5 €, Senioren 4,30 €. In der großen Freiflughalle umflattern dich wunderschöne einheimische und exotische Schmetterlinge.

HafenCity InfoCenter im Kesselhaus, Am Sandtorkai 30, 20457 Hamburg, Tel. (0 40) 36 90 17 99, www.hafencity.com, Di–So 10–18 Uhr, Mai bis Sept. Do 10–20 Uhr. Eintritt frei. (4)

Hagenbecks Tierpark, Lokstedter Grenzstraße 2, 22527 Hamburg, Tel. (0 40) 53 00 330, www.hagenbeck.de, März bis Okt. 9–18 Uhr, Juli bis Aug. 9–19 Uhr, Nov. bis Feb. 9–16.30 Uhr. Kinder (4–16 Jahre) 11 €, Erwachsene 16 €, Familien 49 € bzw. 56 €. Der weltbekannte Zoo in Hamburg ist zu jeder Jahreszeit einen Besuch wert.

Hamburg-Airport, Flughafenstraße 1–3, 22335 Hamburg, Tel. (0 40) 50 75 26 44, www.ham.airport.de, Airport-Aussichtsterrasse, tägl. 9–17 Uhr, freier Eintritt, Restaurant-Aussichtsterrassen bei Terminal 1 und 2. Auf den Terrassen hast du eine faszinierende Aussicht auf die Start- und Landebahnen. Modellschau 10–16 Uhr alle 2 Std. Kinder bis 14 Jahre 2 €, Erwachsene 4,50 €, Familien 11 €. Vorfeld-Rundfahrten (mit Voranmeldung): Kinder 3,50 €, Erwachsene 6 €. Du erfährst aus nächster Nähe, wie Flugzeuge für den Start und die Landung vorbereitet werden.

Hamburg Dungeon, Kehrwieder 2, 20457 Hamburg, Tel. (0 40) 36 00 55 00, www.hamburgdungeon.com, Jan./Feb. 11–17 Uhr, März bis Juni 10–17 Uhr, Juli/Aug. 10–18 Uhr, Sept. bis Dez. 10–17 Uhr. Kinder 14,95 €/online 9,45 €, Erwachsene 18,95 €/online 13,95 €, Studenten/Senioren 17,95 €/online 12,95 €. Dungeon ist das englische Wort für Kerker. Dort kannst du die Geschichte Hamburgs auf spannende und gruselige Art erleben. Wer sich schnell fürchtet, sollte lieber nicht hineingehen. Kinder unter 14 Jahren dürfen das Dungeon nur in Begleitung von Erwachsenen besuchen.

Hamburger Kunsthalle, Glockengießerwall, 20095 Hamburg, Tel. (0 40) 42 81 31 200, www.hamburger-kunsthalle.de, Di–So 10–18 Uhr, Do 10–21 Uhr. Erwachsene 8,50 €, ermäßigt 5 €, Familien 14 €, Kinder/Jugendliche unter 18 Jahren frei, *Goldener Freitag* für Senioren 8,50 € (inkl. Kaffee und Kuchen). Während die Großen samstags die Ausstellungen alleine genießen, gehen die Kinder mit Museumspädagogen auf Entdeckungsreise durch das Museum und erleben die spannende Welt der Bilder vom Mittelalter bis heute. Außerdem kannst du in der Kindermalschule selbst zum Künstler werden.

hamburgmuseum, Holstenwall 24, 20355 Hamburg, Tel. (0 40) 42 81 32 23 80, www.hamburgmuseum.de, Di–Sa 10–17 Uhr, So 10–18 Uhr. Kinder/Jugendliche bis 17 Jahre frei, Erwachsene 7,50 €, ermäßigt 4 €, Familien 12 €, freitags Erwachsene 4 €, Familien 6 €. Hamburgs Geschichte vom Mittelalter bis heute. Außerdem gibt es eine große Modelleisenbahn zu sehen (Vorführung: Di–So 11/12/14/15 Uhr, So zusätzlich 16 Uhr).

Helms Museum, Museumsplatz 2, 21073 Hamburg, Tel. (0 40) 42 87 13 609, www.helmsmuseum.de, Di–So 10–17 Uhr. Kinder/Jugendliche bis 17 Jahre frei, Erwachsene 6 €, ermäßigt 3 €, Familien 8 €. Hier wandelst du auf den Spuren der Menschen in der Hamburger Region von 36 000 vor Christus bis ins Mittelalter.

HSV-Museum, Sylvesterallee 7, in der HSH Nordbank Arena, 22525 Hamburg, Tel. (0 40) 41 55 15 50, www.hsv-hshnordbank-arena.de, tägl. 10–19 Uhr. Kinder 4 €, Erwachsene 6 €, ermäßigt 4 €, Familien 16 €, ermäßigt 14 €, Gruppentarife mit Stadionführung auf Anfrage. Das Museum für alle kleinen und großen Fußballfans. Es erwarten dich Geschichten rund um den Verein, seine Spieler, Siege und Niederlagen sowie die Schatzkammer mit der Trophäensammlung.

Internationales Maritimes Museum Hamburg, Kaispeicher B, Koreastraße 1, 20457 Hamburg, Tel. (0 40) 300 92 300, www.internationales-maritimes-museum.de, Di, Mi, Fr–So 10–18 Uhr, Do 10–20 Uhr. Kinder bis 6 Jahre frei, Schüler 7 €, Schulklassen 3,50 € pro Schüler, Erwachsene 10 €, Familien 12 bzw. 22 €. Du bist fasziniert vom Abenteuer der Meere? Auf zehn Decks kannst du zu einer Reise durch 3000 Jahre Schifffahrtsgeschichte starten.

Jenisch Haus, Baron-Voght-Straße 50, 22609 Hamburg, Tel. (0 40) 82 87 90, www.altonaer-museum.de, Di–So 11–18 Uhr. Kinder/Jugendliche bis 17 Jahre frei, Erwachsene 5 €, ermäßigt 3,50 €, Familien 9 €.

Du gehst in Filzpantoffeln durch die Räume und kannst sehen, wie die reichen Leute dort früher gelebt haben. Außerdem gibt es wechselnde Ausstellungen zu Malerei, Kunst und Architektur.

Johannes-Brahms-Museum, Peterstraße 39, 20355 Hamburg, Tel. (0 40) 45 21 58, www.brahms-hamburg.de, Di und Do 10–13 Uhr, So 10–16 Uhr. Gruppenführung auch speziell für Kinder nach telefonischer Anmeldung unter 41 91 30 86. Erwachsene 4 €, ermäßigt 2 €, Kinder 2 €. Dort erfährst du alles über das Leben und das Werk des großen Komponisten.

Kinderbibliothek Hamburg, Hühnerposten 1, 20097 Hamburg, Tel. (0 40) 42 60 62 06, www.buecherhallen.de, Mo 14–19 Uhr, Di–Fr 11–19 Uhr, Sa 11–16 Uhr. Hier kannst du in Ruhe in Büchern stöbern. Es gibt Werkstätten zu verschiedenen Themen, Vorlesestunden, eine Diaschau, ein Minikino, Kassetten, Hörbücher und CDs.

KinderKunstMuseum, Schule Bovestraße, Bovestraße 10–12, 22041 Hamburg, Tel. (0 40) 73 27 986, www.kinderkunstmuseum.de, Mo 9–13 Uhr, nicht in den Schulferien, Anmeldungen bei Frau Klier. Kinder 3–14 Jahre 1 €, Erwachsene 1,50 €. Führungen zusätzlich 1 € pro Person. Nach dem Gang durch die Epochen von der Steinzeit bis zur Moderne (alle Bilder von Kindern gemalt) bist du ein echter Kunstexperte. Außerdem kannst du dich im Atelier selbst als Künstler betätigen und dir verschiedene Malstile aneignen.

Kl!CK Kindermuseum, Achtern Born 127, 22549 Hamburg, Tel. (0 40) 41 09 97 77, www.kindermuseum-hamburg.de, Mo–Fr 9–18 Uhr, So 11–18 Uhr, Kinder unter 3 Jahren 3 €, ab 4 Jahre und Erwachsene 4 €, Familien 12 €. „Hands on!", denn hier ist Anfassen erlaubt. Baustelle zum Ausprobieren, Dauerausstellungen zum Thema Geld, Körper und Urgroßmutters Alltag.

Klingendes Museum, Laeiszhalle – Musikhalle Hamburg, Dammtorwall 46 (Künstlereingang), 20355 Hamburg, Tel. (0 40) 35 75 23 44, www.klingendes-museum.de, ein- oder zweimal im Monat Sa 14 und 16 Uhr, Dauer 90 Min., Anmeldung unbedingt erforderlich. Kinder 5 €, Erwachsene 10 €, Familien 25 €. Musik zum Anfassen, zum Zupfen und

Streichen, Trommeln und Tröten. Hier kannst du unter Anleitung dein Lieblingsinstrument ausprobieren, denn es warten über 100 Musikinstrumente auf dich.

Kramerwitwenwohnungen, Krayenkamp 10, 20459 Hamburg, Tel. (0 40) 37 50 19 88, www.hamburgmuseum.de, Di–So 10–17 Uhr, im Winter bis 29. März nur Sa, So 10–17 Uhr. Kinder frei, Erwachsene 1 €, ermäßigt 0,50 €. 6

Modelleisenbahn Miniatur Wunderland Hamburg, Kehrwieder 2, Block D, 20457 Hamburg, Tel. (0 40) 30 06 800, www.miniatur-wunderland.de, Mo, Mi, Do 9–18 Uhr, Di 9.30–21 Uhr, Fr 9.30–19, Sa 8–21 Uhr, So 8.30–20 Uhr. Kinder unter 1 Meter in Begleitung Erwachsener frei, Kinder bis 15 Jahre 5 €, Erwachsene 10 €, ermäßigt 7 €, Senioren 8 €. Die größte Modelleisenbahnanlage der Welt fährt mit über 800 Zügen und über 11 000 Waggons durch eine Minilandschaft.

Museum der Arbeit, Wiesendamm 3, 22305 Hamburg, Tel. (0 40) 42 81 330, www.museum-der-arbeit.de, Mo 13–21 Uhr, Di–Sa 10–17 Uhr, So 10–18 Uhr. Kinder/Jugendliche bis 17 Jahre frei, Erwachsene 6 €, ermäßigt 4 €, Familien 8 €, ermäßigt 6,50 €, freitags für alle 3 €. Das Museum zeigt dir, wie Menschen früher in Fabriken, im Kontor oder in der Druckerei gearbeitet haben. Außerdem kannst du dich in alten Drucktechniken üben und kleine Anhänger herstellen.

Museum für Kommunikation Hamburg, Gorch-Fock-Wall 1, 20354 Hamburg, Tel. (0 40) 35 76 360, www.museumsstiftung.de, Di–So 9–17 Uhr. Kinder/Jugendliche bis 17 Jahre frei, Erwachsene 3,50 €, ermäßigt 2 €. 2

Museum für Kunst und Gewerbe, Steintorplatz, 20099 Hamburg, Tel. (0 40) 42 81 34 27 32, www.mkg-hamburg.de, Di–So 10–18 Uhr, Do 10–21 Uhr. Kinder/Jugendliche bis 17 Jahre frei, Erwachsene 8 €, ermäßigt 5 €, mittwochs und donnerstags ab 17 Uhr 5 €, Familien 13 €. Schönes und Nützliches von der Antike bis heute. Falls du an einer japanischen Teezeremonie teilnehmen möchtest, hast du an jedem dritten Wochenende um 13, 14 und 15 Uhr Gelegenheit dazu.

Museum für Völkerkunde, Rothenbaumchaussee 64, 20148 Hamburg, Tel. (0180) 5 30 88 88, www.voelkerkundemuseum.com, Di–So 10–18 Uhr, Do 10–21 Uhr. Kinder/Jugendliche bis 17 Jahre frei, Erwachsene 7 €, ermäßigt 3 €, Besucher am Freitag ab 16 Uhr frei. Lass dich entführen in das Land der Eskimos, der Indianer oder anderer spannender Völker.

Museumsdorf Volksdorf, Im Alten Dorfe 46–48, 22359 Hamburg, Tel. (0 40) 60 39 098, www.museumsdorf-volksdorf.de, Geschäftsstelle: Di 9–12 Uhr, Do 18–20 Uhr, Gelände: Di–So 9–18 Uhr. Die Besichtigung des Geländes ist kostenlos. Führung: April bis Okt. Fr–So 15 Uhr, Nov bis März So 15 Uhr. Kinder 1 €, Erwachsene 3 €. Es gibt verschiedene Aktionsprogramme für Schulklassen, bitte vorher anmelden. Im Museumsdorf kannst du sehen und erleben, wie Bauern früher gewohnt haben und wie mühsam ihr Leben war.

Museumshafen Övelgönne, Anleger Neumühlen, 22605 Hamburg, Tel. (0 40) 41 91 27 61, www.museumshafen-oevelgoenne.de. Die alten Schiffe kannst du vom Steg aus jederzeit anschauen. Innenbesichtigungen möglich, wenn die Crew an Bord ist. Führungen nach Absprache.

Museumsschiff Cap San Diego, Überseebrücke, 20459 Hamburg, Tel. (0 40) 36 42 09 und 36 54 81, www.capsandiego.de, tägl. 10–18 Uhr. Kinder unter 14 Jahren 2,50 €, Schüler/Studenten 4 €, Erwachsene 6 €, Familien 12 €.

Museumsschiff Rickmer Rickmers, St. Pauli Landungsbrücken, Brücke 1a, 20359 Hamburg, Tel. (0 40) 31 95 959, www.rickmer-rickmers.de, tägl. 10–18 Uhr. Kinder 4–12 Jahre 2 €, Schüler und Studenten 2,50 €, Erwachsene 3 €, Familien 7 €.

Opernloft, Opernhaus für Kinder und Jugendliche, Conventstr. 8–10, 22089 Hamburg, Tel. (0 40) 25 49 10 40, www.opernloft.de, Kinder 10 €, Erwachsene 12,50 €. Hier werden Opern aufgeführt, die speziell auf junge Öhrchen zugeschnitten sind, aber auch Erwachsene in ihren Bann ziehen.

Pavillon Elbphilharmonie auf den Magellan-Terrassen, Großer Grasbrook, HafenCity. www.elbphilharmonie.de, Ausstellung Erdgeschoss:

tägl. 9–18 Uhr, Modell des Konzertsaals: Do–So 10–17 Uhr. Eintritt frei. Kostenlose Baustellenführungen: sonntags 11–16 Uhr. Anmeldung eine halbe Stunde vorher am Pavillon.

Planetarium, Hindenburgstraße 1b, 22303 Hamburg, Tel. (0 40) 42 88 65 20, www.planetarium-hamburg.de, Karten: (0 40) 42 88 65 210, Mo–Di 9–17 Uhr, Mi 9–21 Uhr, Do–Fr 9–21.30 Uhr, Sa 12.00–21.30 Uhr, So 10–18 Uhr. Schüler 4,50 €, Erwachsene 7,50 €, Schulklassen 4 € pro Person. Das Hamburger Planetarium ist das modernste der Welt. Programme für kleine und große Sterngucker und Weltraumfahrer. Karten unbedingt vorbestellen.

Planten un Blomen, Eingänge: Jungiusstraße, Glacischaussee, Holstenwall, St. Petersburger Straße, Tel. (0 40) 42 82 32 150, www.plantenunblomen.hamburg.de. Parköffnung Mai bis Sept. 7–23 Uhr, Okt. bis April 7–20 Uhr. Schöner Freizeitpark mit Spielplätzen, Rollschuh- und Eisbahn, Kindertheater, Trampolin und Minigolf. Wasserspiele Mai bis Sept., Rollschuhbahn 9–21 Uhr, freier Eintritt. Minigolf und Trampolin ca. Ende März bis Sept. tägl. 10–21 Uhr, Minigolf: Kinder 2 €, Erwachsene 3 €, Trampolin: 10 Min. 1 €, Tel. (0 40) 3 19 45 16. Eisbahn Große Wallanlagen, Holstenwall 30, 20355 Hamburg, Tel. (0 40) 3 17 47 39, www.eisbahn-wallanlagen.de, tägl. 10–12 Uhr, 13–15 Uhr, 16–18 Uhr, 20–22 Uhr. Kinder bis 13 Jahre 2,50 €, Erwachsene 3,50 €, Familien (am Wochenende) 9 €. Geöffnet etwa von Nov. bis März.

Prototyp, Personen. Kraft. Wagen. Shanghaiallee 7, 20457 Hamburg, Tel. (0 40) 39 99 69 68, www.prototyp-hamburg.de, Di–So 10–18 Uhr. Kinder (4–14 J.) 4,50 €, Erwachsene 7,50 €. Viele Oldtimer und Rennwagen kannst du auf einer Zeitreise durch die Automobilgeschichte besichtigen. Du möchtest einmal in einen Rennwagen einsteigen und eine Rennstrecke nachfahren? Der Fahrsimulator macht es möglich.

Puppenmuseum Falkenstein, Grotiusweg 79, 22587 Hamburg, Tel. (0 40) 81 05 82, www.elke-droescher.de, Di–So 11–17 Uhr. Kinder 3 €, Erwachsene 5 €. Puppen und Puppenstuben aus Großmutters und Urgroßmutters Spielzimmer.

Rathaus am Rathausmarkt, 20095 Hamburg, Tel. (0 40) 42 83 12 064, www.hamburg.de (Stadt & Staat, Rathaus), Führungen: Mo–Do 10–15

Uhr, Fr 10–13 Uhr, Sa 10–17 Uhr, So 10–16 Uhr, alle halbe Stunde, nur an sitzungsfreien Tagen (bitte nachfragen). Kinder bis 14 Jahre 0,50 €, Erwachsene 3 €, Familien 6 €, Schulklassen freier Eintritt. (1)

Schiffsbegrüßungsanlage Wedel, www.willkomm-hoeft.city-map.de. Seit über 50 Jahren werden ein- und auslaufende Schiffe auf der Elbe am „Willkomm Höft–Wedel" im Fährhaus Schulau begrüßt oder verabschiedet. Dann wird die Flagge am 43 m hohen Mast gehisst und du kannst die jeweilige Nationalhymne aus dem Heimatland des vorbeifahrenden Schiffes hören.

Schulmuseum, Seilerstraße 42, 20359 Hamburg, Tel. (0 40) 35 29 46, www.hamburgerschulmuseum.de, Schulklassen und Gruppen bitte vorher anmelden, Mo–Fr 8–16.30 Uhr, jeder 1. So im Monat 12–17 Uhr. Preise ohne Führung: Kinder bis 12 Jahre frei, bis 18 Jahre 1 €, Erwachsene 3 €, Familien 5 €. Schulklassen ab 4. Klasse inklusive Führung 2 € pro Kind. Hier erlebst du hautnah eine Schulstunde aus der Zeit deiner Urgroßeltern.

Schwimmbäder, Tel. (0 40) 18 88 90, www.baederland.de. Hamburg hat viele Freizeitbäder.

Speicherstadtmuseum, St. Annenufer 2, 20457 Hamburg, Tel. (0 40) 32 11 91, www.speicherstadtmuseum.de, April bis Okt. Di–Fr 10–17 Uhr, Sa/So 10–18 Uhr, Nov. bis März Di–So 10–17 Uhr. Schüler 1,30 €, Erwachsene 3 €, ermäßigt 1,90 €. (4)

Spicy's Gewürzmuseum, Am Sandtorkai 32/II, 20457 Hamburg, Tel. (0 40) 36 79 89, www.spicys.de, Di–So 10–17 Uhr, Ende Juni bis Okt. Mo 10–17 Uhr. Kinder bis 12 Jahre 1 €, Erwachsene 3 €. Man kann die Hände in Säcke mit den verschiedensten Gewürzen tauchen und etwas über deren Anbau und Verarbeitung erfahren. Gummibärchen und Gewürzprobe gibt es gratis dazu.

Spielzeugmuseum „Die Dachbodenbande", Kehrwieder 4/ Block D, 20457 Hamburg, Tel. (01 72) 32 93 250, www.dachbodenbande.de, tägl. 10–18 Uhr. Kinder 3 €, Erwachsene 6 €, ermäßigt 4 €, Familien 10 bzw. 12 €. Auf diesem Dachboden gibt es altes Spielzeug und vieles mehr zu entdecken. Rumschnüffeln erlaubt.

Stadtmodell Hamburg, Wexstraße 7, 20355 Hamburg, Tel. (0 40) 42 84 02 194, Di–Fr 10–17 Uhr, Sa/So 13–17 Uhr. Freier Eintritt. Auf dem riesigen Holzmodell der Stadt Hamburg (110 m^2) kannst du deinen Spaziergang genau verfolgen und alle Sehenswürdigkeiten wiederfinden.

Stadtpark in Hamburg-Winterhude. Die 150 Hektar große grüne Oase in der Stadt bietet zahlreiche Freizeitmöglichkeiten. Auf den Wiesen kannst du Ball spielen, picknicken oder deinen Drachen steigen lassen. Der Abenteuerspielplatz lädt dich ein zum Seilbahnfahren, Klettern, Rutschen oder Plantschen. Bei heißen Temperaturen sorgt das Freibad für Abkühlung. Ruder- und Tretboote können auf der Liebesinsel ausgeliehen werden und für Modellboote steht (kostenlos) ein eigenes Becken zur Verfügung.

Stattreisen Hamburg bietet Stadtrundgänge für Kinder und Erwachsene an. Informationen unter Tel. (0 40) 870 80 100, www.stattreisen-hamburg.de.

SteinZeiten, Rödingsmarkt 19, 20459 Hamburg, Tel. (0 40) 36 90 03 18, www.steinzeiten.net, Fr–So 10–18 Uhr. Kinder bis 5 Jahre frei, 6–14 Jahre 2 €, Erwachsene 6 €, ermäßigt 4 €, Familien 13 €. Anfassen erlaubt! Leuchtend bunte Steine, funkelnde Kristalle, Versteinerungen von Fischen, Reptilien und Seelilien, die vor Millionen von Jahren ihre Spuren hinterlassen haben, erzählen dir von der Geschichte der Erde.

St. Jacobi, Jacobikirchhof 22, 20095 Hamburg, Tel. (0 40) 30 37 370, www.jacobus.de, Mo–Sa 10–17 Uhr. Die Öffnungszeiten des Turmcafés und zur Turmbesteigung bitte nachfragen. 8

St. Katharinen, Katharinenkirchhof 1, 20457 Hamburg, Tel. (0 40) 30 37 47 30, www.katharinen-hamburg.de, Mo–Fr 10–17 Uhr, April bis Sept. Sa/So 10–17 Uhr, Okt. bis März 10–16 Uhr. 3

St. Michaelis, Englische Planke 1, 20459 Hamburg, Tel. (0 40) 37 67 80, Turmkasse: (0 40) 37 67 81 00, www.st-michaelis.de und www.michelturm.de, Kirche: Mai bis Okt. tägl. 9–18 Uhr, Nov. bis April 10–18 Uhr. Turm: Mai bis Okt. 9–20 Uhr, Nov. bis April 10–17 Uhr, Gruft tägl. 11–16.30 Uhr, im Winter Di und Do geschlossen. Kinder 0,75 €, ermäßigt 0,50 €, Erwachsene 1,50 €, ermäßigt 1 €. Eintritt

Turm: Kinder unter 16 Jahren 2 €, ermäßigt 1,50 €, Erwachsene 3 €, ermäßigt 2,50 €. 6

St. Nikolai, Willy-Brandt-Str. 60, 20457 Hamburg, Tel. (0 40) 37 11 25, www.mahnmal-st-nikolai.de, Panoramalift und Dokumentationszentrum tägl. 10–18 Uhr. Kinder 2 €, Erwachsene 3,50 €. 1

St. Petri, Kreuslerstr. 6, 20095 Hamburg, Tel. (0 40) 32 57 400, www.sankt-petri.de, Mo, Di, Do, Fr 10–18.30 Uhr, Mi 10–19 Uhr, Sa 10–17 Uhr, So 9–21 Uhr, Turmbesteigung: Mo–Sa 10–17 Uhr, So 11–16 Uhr. Kinder 1 €, Erwachsene 2 €. 2

Theater für Kinder, Max-Brauer-Allee 76, 22765 Hamburg, Tel. (0 40) 38 25 38, www.theater-fuer-Kinder.de, Kartenvorbestellung: Mo–Fr 10–18 Uhr, Sa/So 11–16 Uhr. Nicht nur kleine Gäste werden durch Märchen, Singspiele und Opern verzaubert.

Tourist-Information, Hauptbahnhof: Ausgang Kirchenallee, Tel. (0 40) 30 05 13 00, Mo–Sa 8–21 Uhr, So 10–18 Uhr. Hafen: St.-Pauli-Landungsbrücken, zwischen den Brücken 4 und 5, tägl. 8–18 Uhr, Nov. bis März 10–18 Uhr, Hotel-Reservierung: Tel. (040) 30 05 13 51, www.hamburg-tourism.de.

U-Bootmuseum Hamburg, Versmannstraße 24, 20457 Hamburg, Tel. (0 40) 32 00 49 34, www.u-434.de, 1. April bis 3. Okt. Mo–Do 10–18 Uhr, Fr–So 9–19 Uhr, 4. Okt. bis 31. März tägl. 10–18 Uhr. Kinder 6–12 Jahre 6 €, Erw. 8 €, Familien 18 bzw. 20 €. Führungen pro Person 3 €. In dem echten russischen Spionage-U-Boot kannst du hautnah spüren, wie beengt das Leben an Bord ist.

Bitte beachten: Die meisten Hamburger Museen bieten ein spezielles Kinderprogramm an. Zurzeit haben Kinder in vielen Museen freien Eintritt. Öffnungszeiten und Preise ändern sich manchmal. Um nicht vor verschlossenen Türen zu stehen, ist es besser, vorher anzurufen.

Der Museumsverband Hamburg e.V. zeigt unter www.museen-in-hamburg.de einen Überblick zur Museumswelt in Hamburg und Umgebung.

Literaturverzeichnis

Bake, Rita; Birgit Kiupel (Hg.): Auf den zweiten Blick. Streifzüge durch das Hamburger Rathaus. Hamburg 1997.

Bargen, Susanne von; Michael Zapf: Das Rathaus. Wo Hamburg regiert wird. Mit einer Rathaus-Chronik von Hinnerk Fock. Vollständig überarbeitete und erweiterte Neuauflage. Hamburg 2000.

Beckershaus, Horst: Die Hamburger Straßennamen. Woher sie kommen und was sie bedeuten. Unter Mitarbeit von Hans Otto Möller. 3., überarbeitete Auflage. Hamburg 1999.

Beneke, Otto: Hamburgische Geschichten und Sagen. Neu editiert und mit Erläuterungen versehen von Ariane Knuth. Bremen 1999.

Bertram, Helmut: Architektur als stadtbildprägendes Element: Merkzeichen und Bereiche. Materialien für den Unterricht im Fach bildende Kunst und fachübergreifenden Unterricht. Hamburg 2003.

Ders.: Hamburg. Heft 2: Fassaden. Hamburg 2004.

Dahms, Bärbel; Michael Zapf: Hamburgs Speicherstadt. Kaufmannsträume hinter Backsteinmauern. Hamburg 2002.

Fründt, Hans-Jürgen: Hansestadt Hamburg. 2., komplett aktualisierte Auflage. Bielefeld 2003.

Hadeler, Monika; Ellen und Roland Schwarz: Raus in die Stadt. Ein Stadtführer für Kinder durch Hamburg und seine Geschichte. Berlin 1988.

Hamann, Johann: Arbeit im Hafen. Hamburg 1889–1911. Ausgewählt von Walter Uka. Berlin 1993.

Hansen, Inge: Hauptkirche St. Jacobi. Ein Kirchenführer für Kinder und andere Interessierte. Hamburg 2000.

Dies.: Hauptkirche St. Jacobi. Ein Kirchenführer für Kinder und andere Interessierte. Hamburg 2005.

Hipp, Herrmann: Freie- und Hansestadt Hamburg. Geschichte, Kultur und Stadtbaukunst an Elbe und Alster. Köln 1989.

Jochmann, Werner; Hans-Dieter Loose (Hg.): Hamburg. Geschichte der Stadt und ihrer Bewohner. Band I, II. Hamburg 1986.

Kleßmann, Eckart: Geschichte der Stadt Hamburg. 6., überarbeitete und erweiterte Neuauflage. Hamburg 1988.

Kopitzsch, Franklin; Daniel Tilgner (Hg.): Hamburg Lexikon. Hamburg 2000.

Lange, Ralf; Henning Rademacher: Hafenführer Hamburg. Hamburg 1999.

Melhop, Wilhelm: Alt-Hamburgisches Dasein. Hamburg 1899.

Metzger, Wolfgang: Gesetze des Sehens. 3., völlig neu bearbeitete Auflage. Frankfurt am Main 1975.

Meyer, Eduard: Geschichte des Hamburgischen Schul- und Unterrichtswesens im Mittelalter. Hamburg 1843.

Plagemann, Volker (Hg.): Kunst im öffentlichen Raum. Ein Führer durch die Stadt Hamburg. Hamburg 1997.

Schnee, Christian: Hamburg. Eine kleine Stadtgeschichte. Erfurt 2003.

Skrentny, Werner (Hg.): Der Hafenführer. Schiffe und Menschen, Lieder und Geschichten an 99 Stationen. Hamburg 1989.

Ders.: Zu Fuß durch Hamburg. 20 Stadtteilrundgänge durch Geschichte und Gegenwart. Hamburg 2001.

Verg, Erik: Das Abenteuer, das Hamburg heißt. Der weite Weg zur Weltstadt. 3., überarbeitete und ergänzte Auflage. Hamburg 2003.

Von der Hammaburg zur HafenCity. Katalog zur Ausstellung im Hamburger Rathaus. Hamburg 2005.

Abbildungsnachweis

Seite 29
Wolfgang Metzger: Gesetze des Sehens. 3., völlig neu bearbeitete Auflage. Frankfurt am Main 1975.

Seite 32
Karl Wölfle: Hamburger Geschichtsatlas. Hamburg 1926.

Seite 55, 67, 79, 96
Denkmalschutzamt Hamburg, Bildarchiv.

Wir danken dem Hamburger Verkehrsverbund für die Bereitstellung des Verkehrsnetzplans.

Die Autorinnen

Christma Boon, Dipl.-Psych., studierte Psychologie, Soziologie und Museumsmanagement in Hamburg. Sie ist Vorstandsmitglied im Museumsverband Hamburg. Als Autorin schöpft sie aus ihrer langjährigen Erfahrung in der pädagogisch-psychologischen Arbeit mit Kindern und Erwachsenen.

Christa Bergkemper, M.A., Studium der Geschichte, Volkskunde sowie Absolventin des Studienangebots Museumsmanagement an der Universität Hamburg. Sie ist Vorstandsmitglied im Museumsverband Hamburg. Weitere Publikation: Christa Bergkemper: Religiosität im Zeitalter der Aufklärung. Die „private Religion" der Margarethe E. Milow (1748–1794). Saarbrücken 2007.

Der Illustrator

Ralf Bednar studierte Bildende Kunst in Freiburg und Hannover. Seit 1999 lebt und arbeitet er als freischaffender Künstler in Hannover.